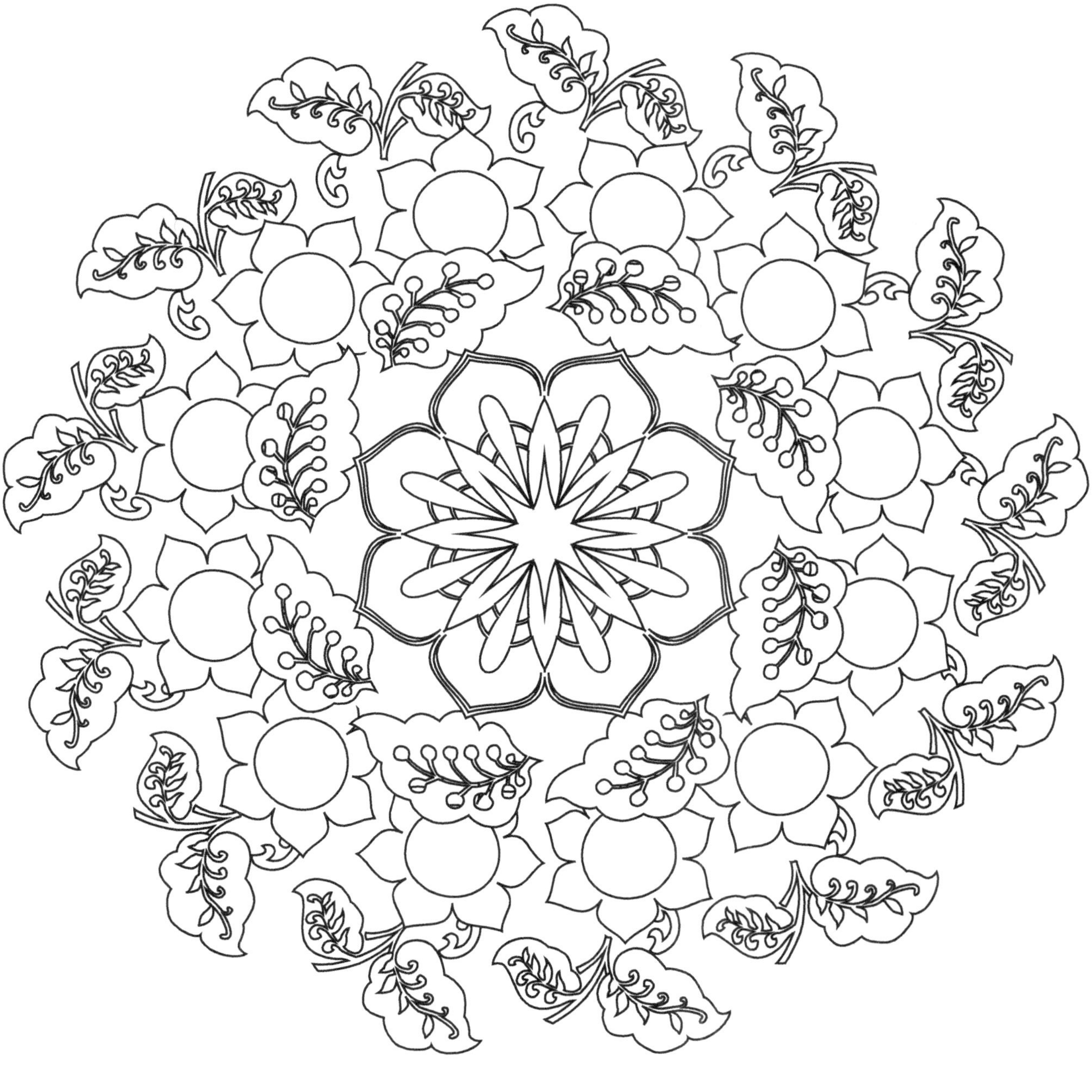

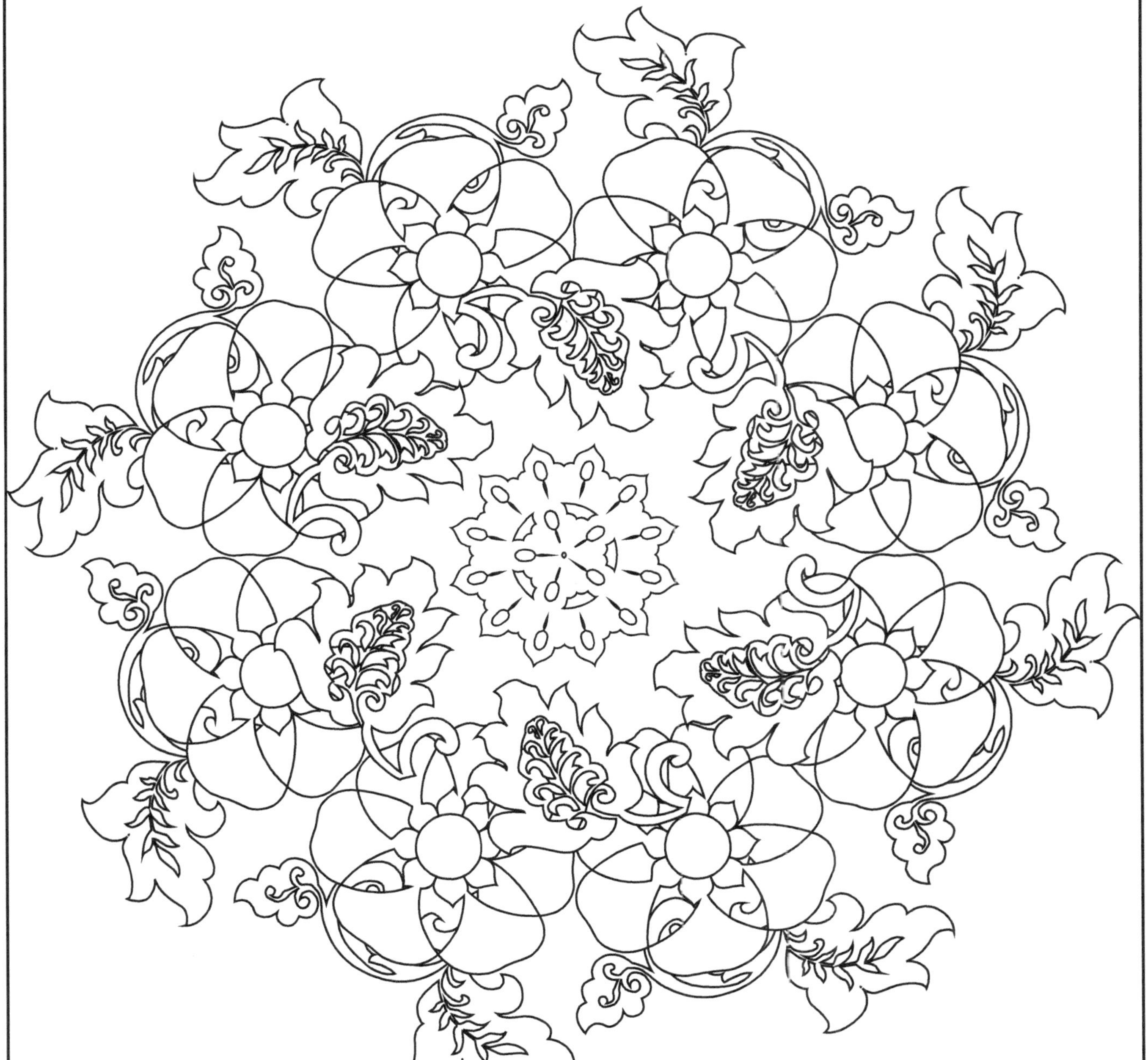

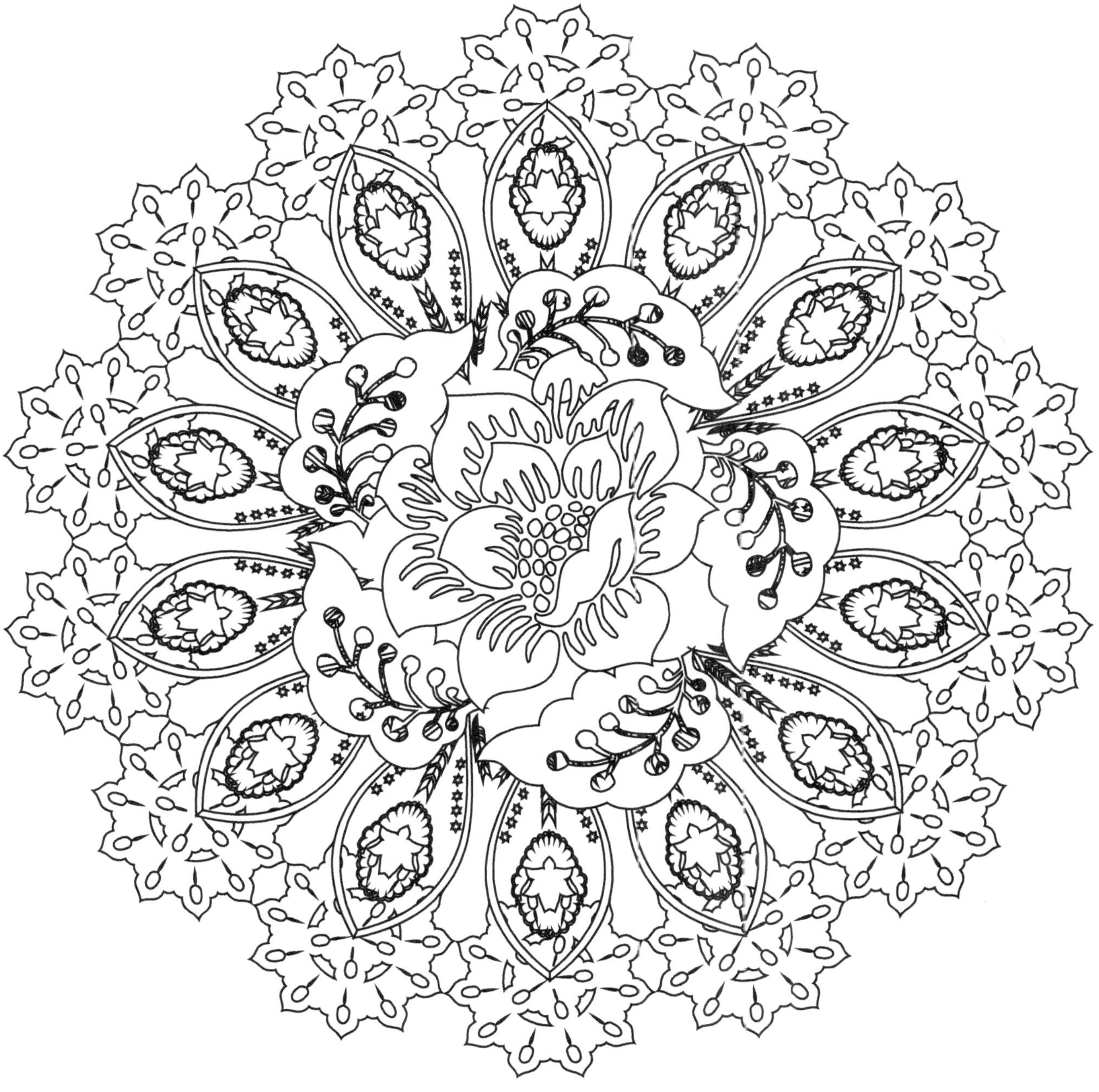

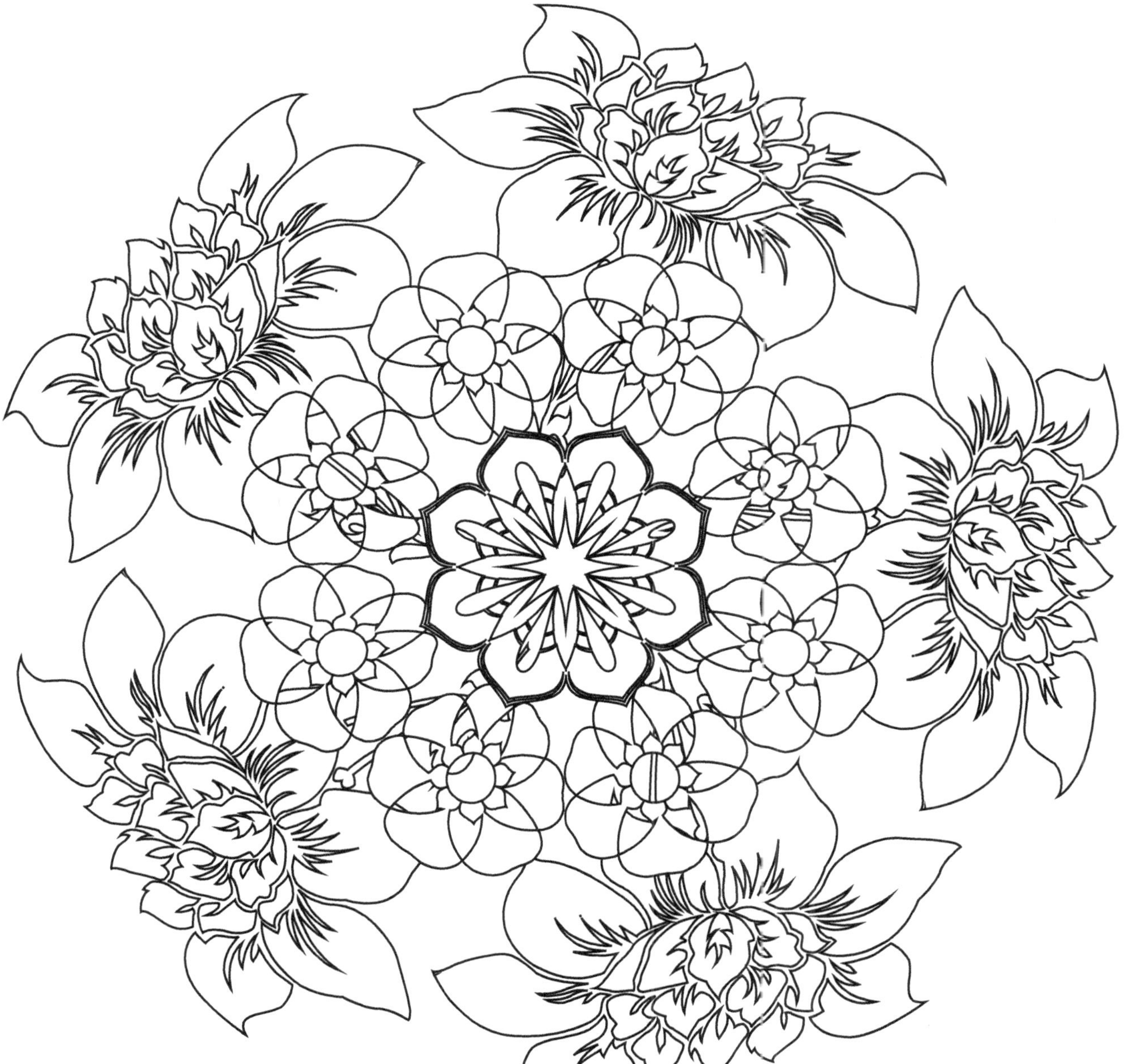

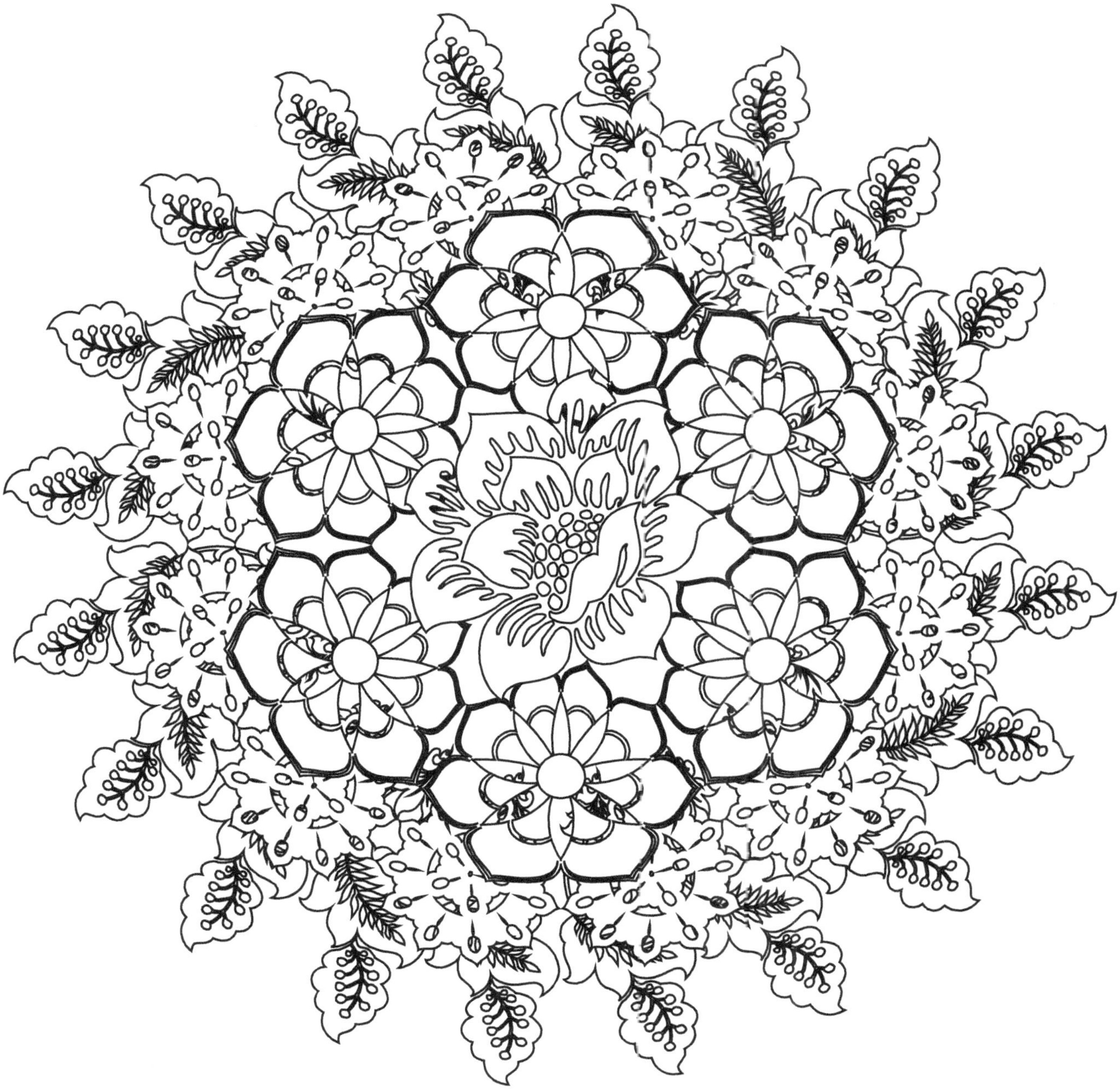

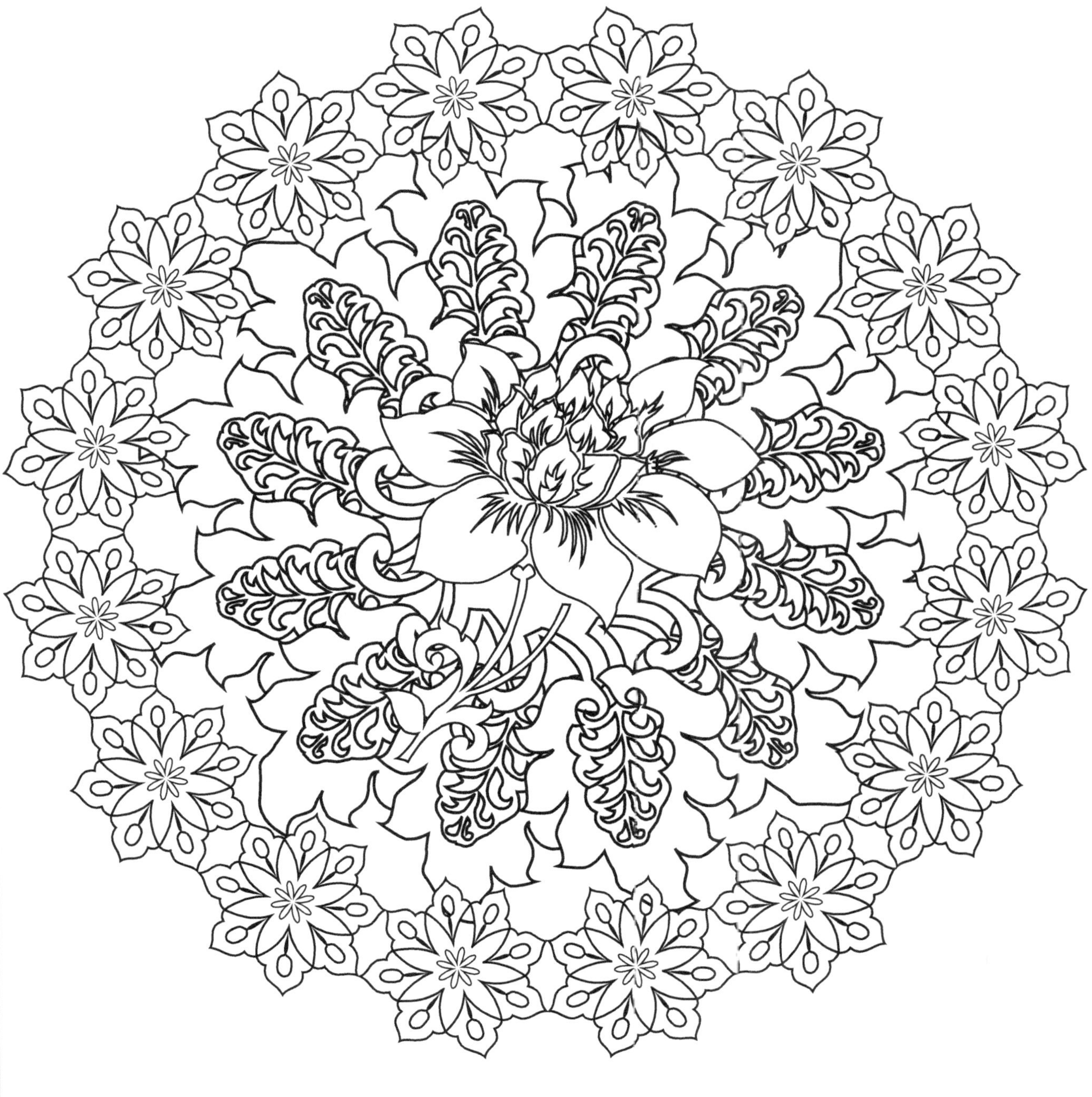

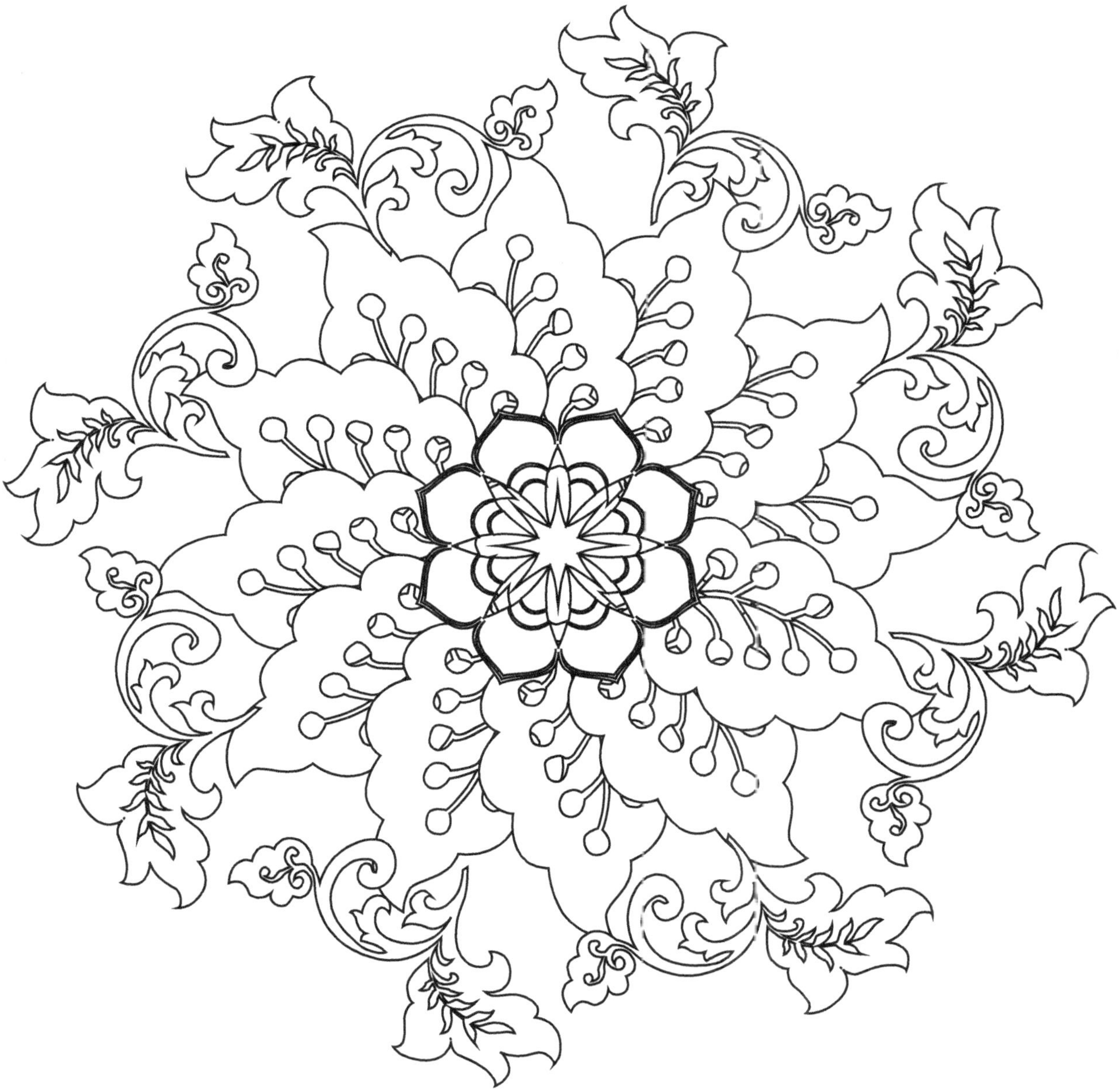

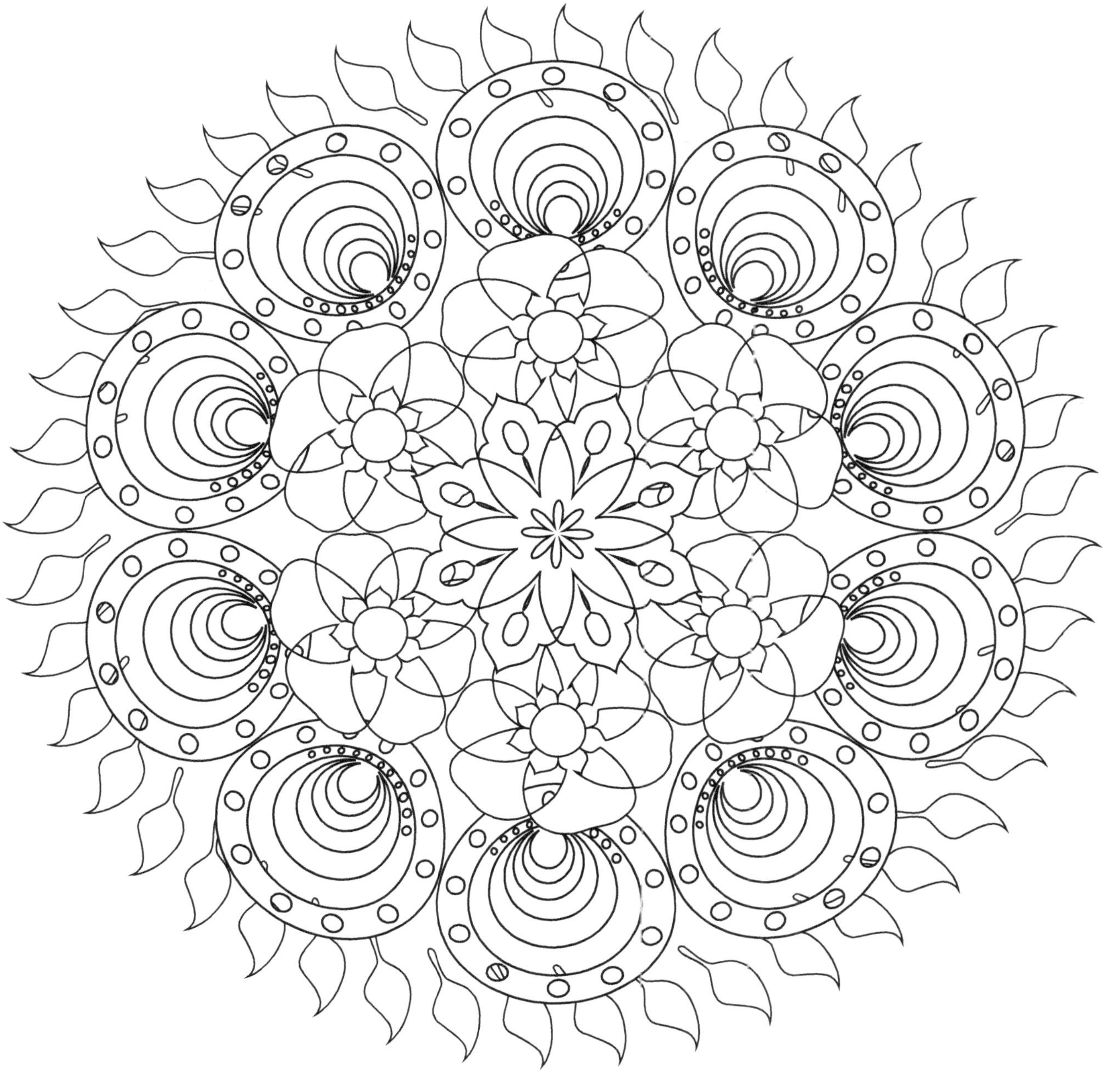

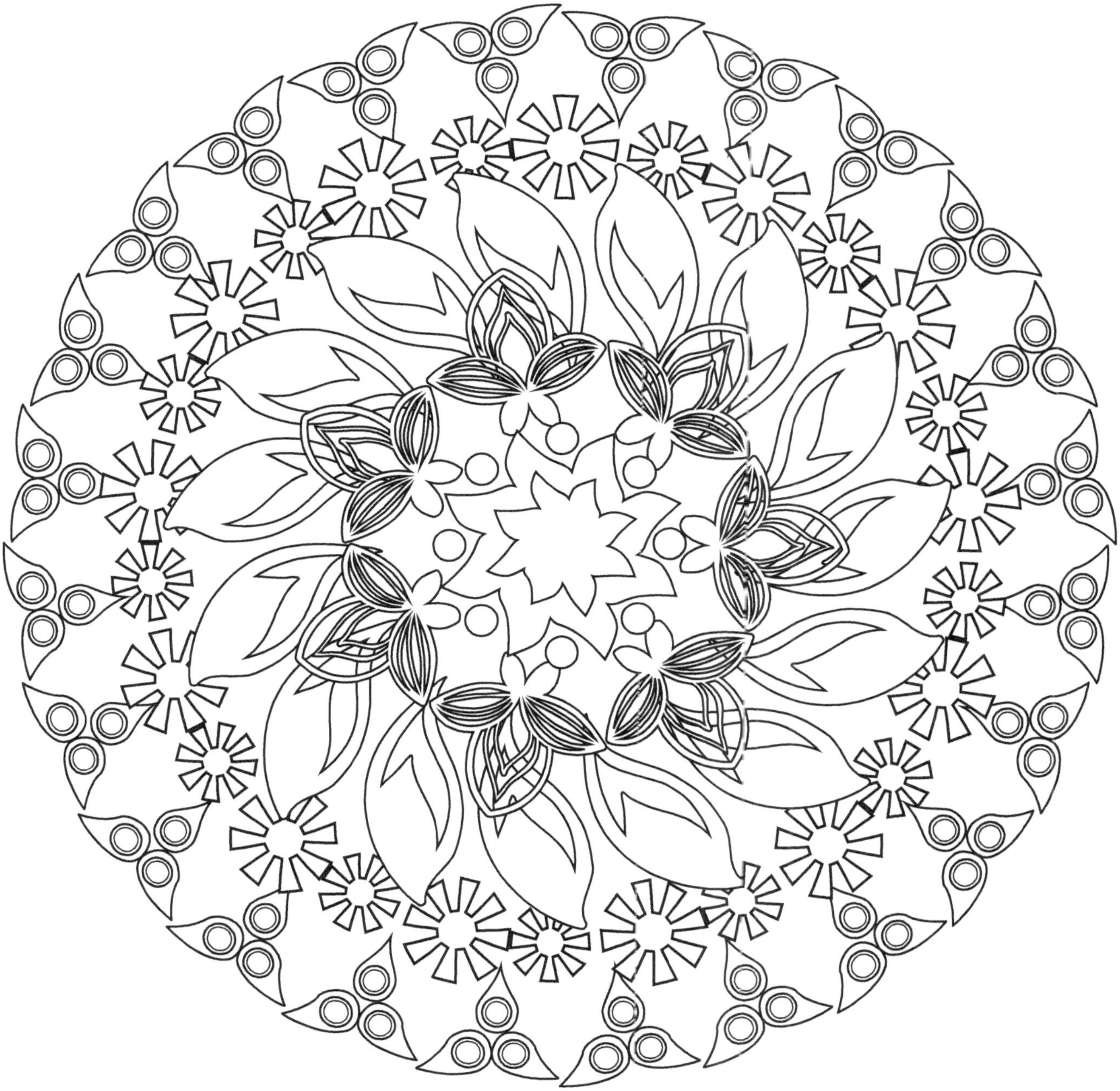

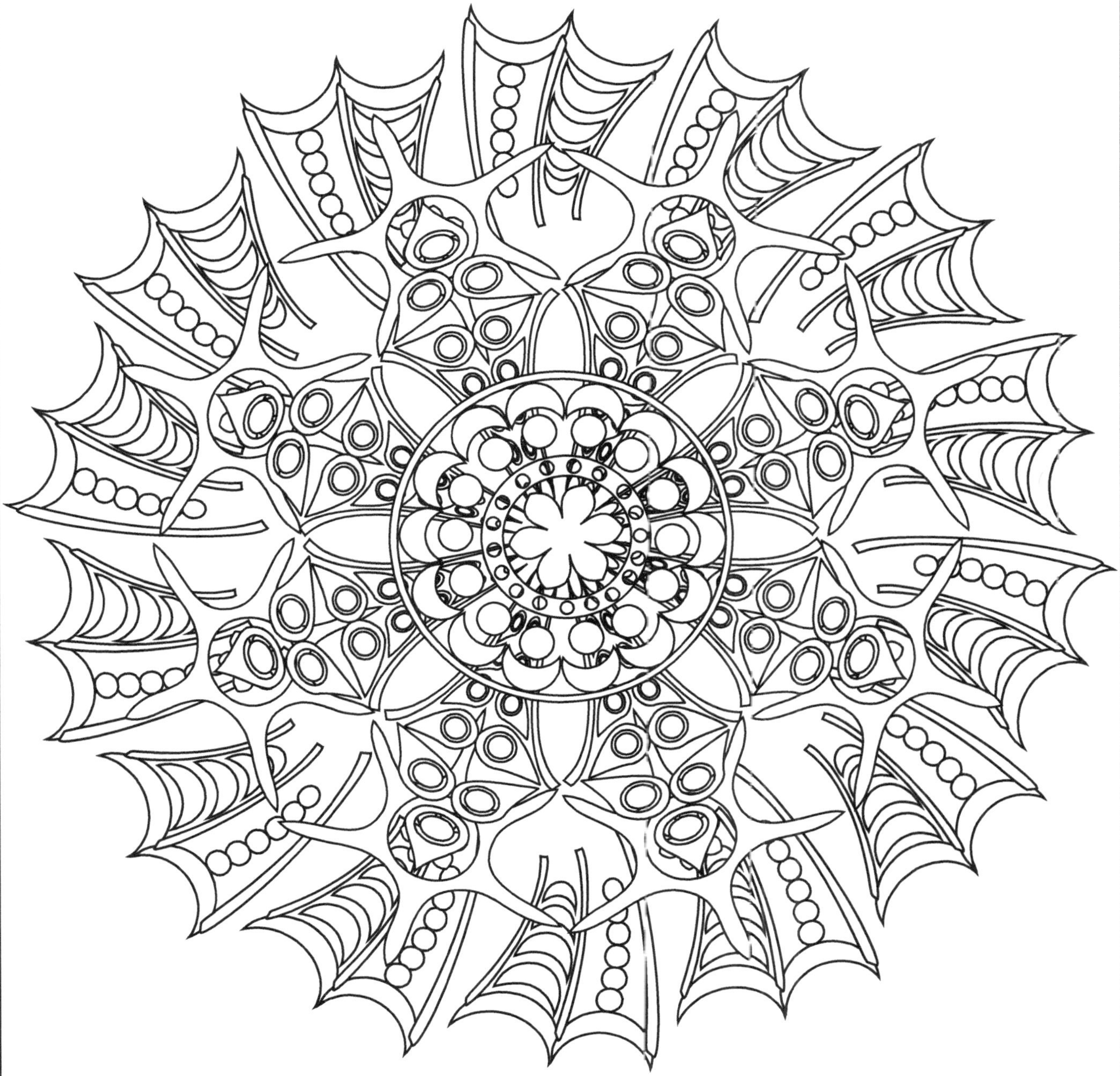

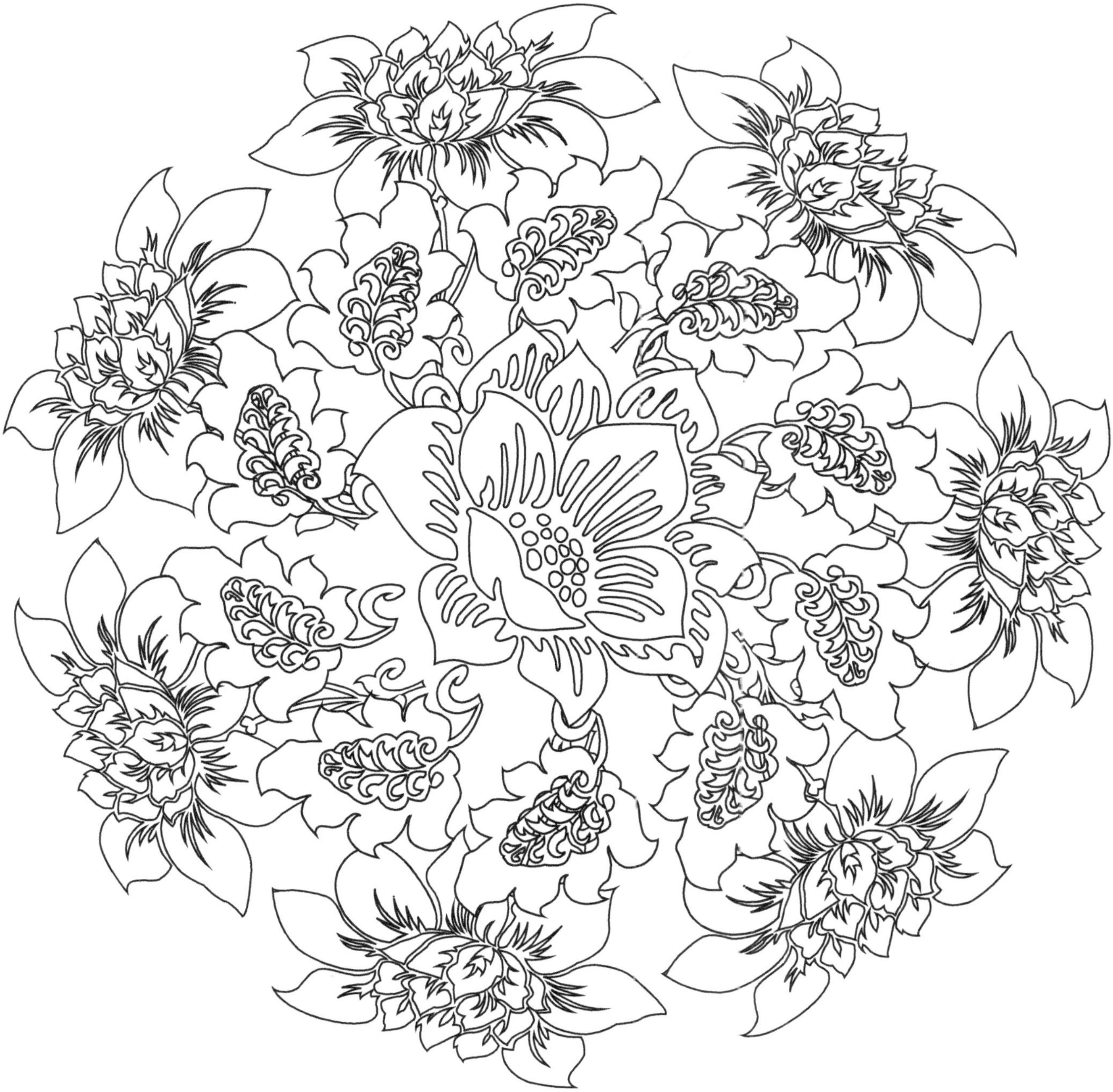

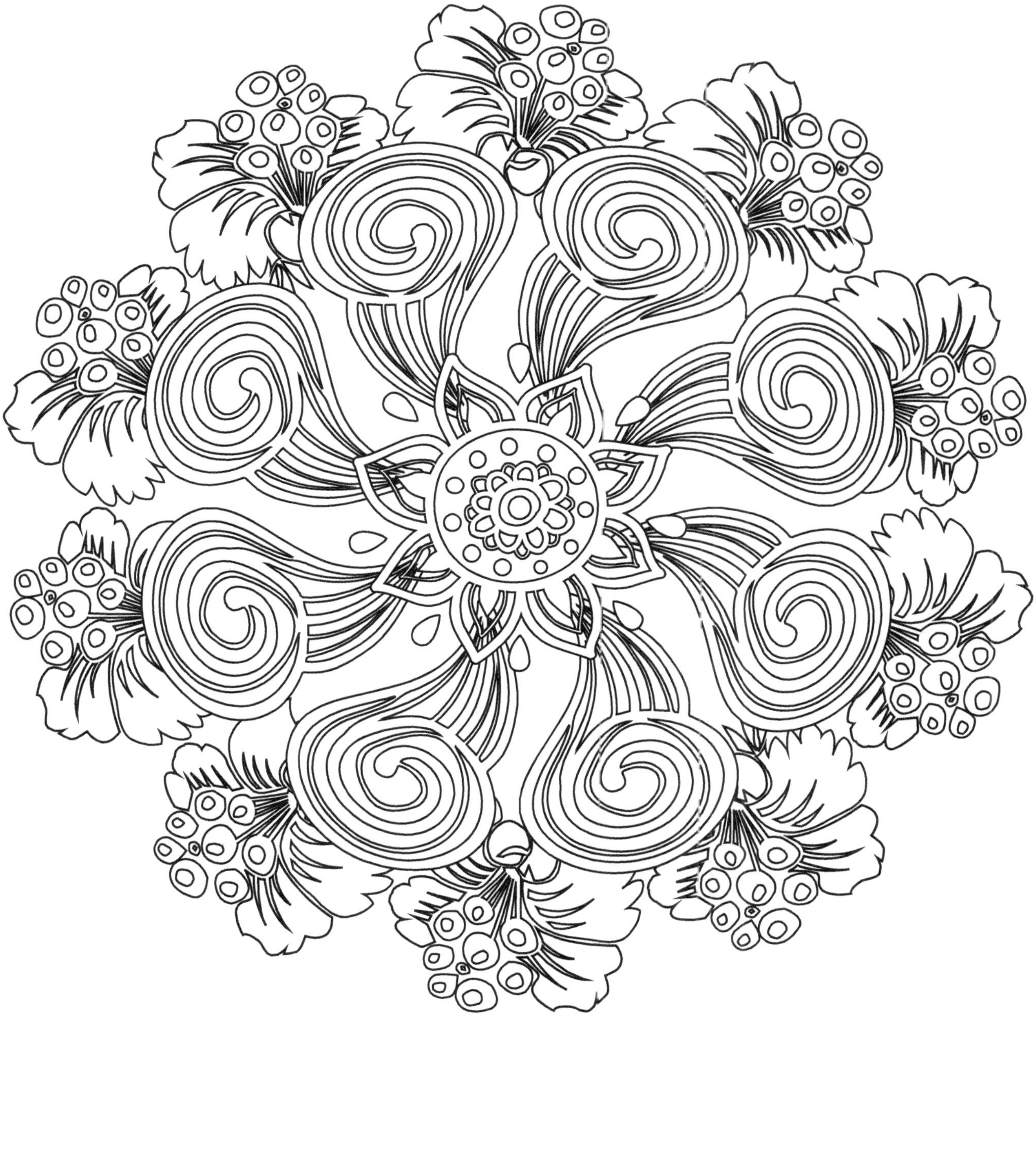

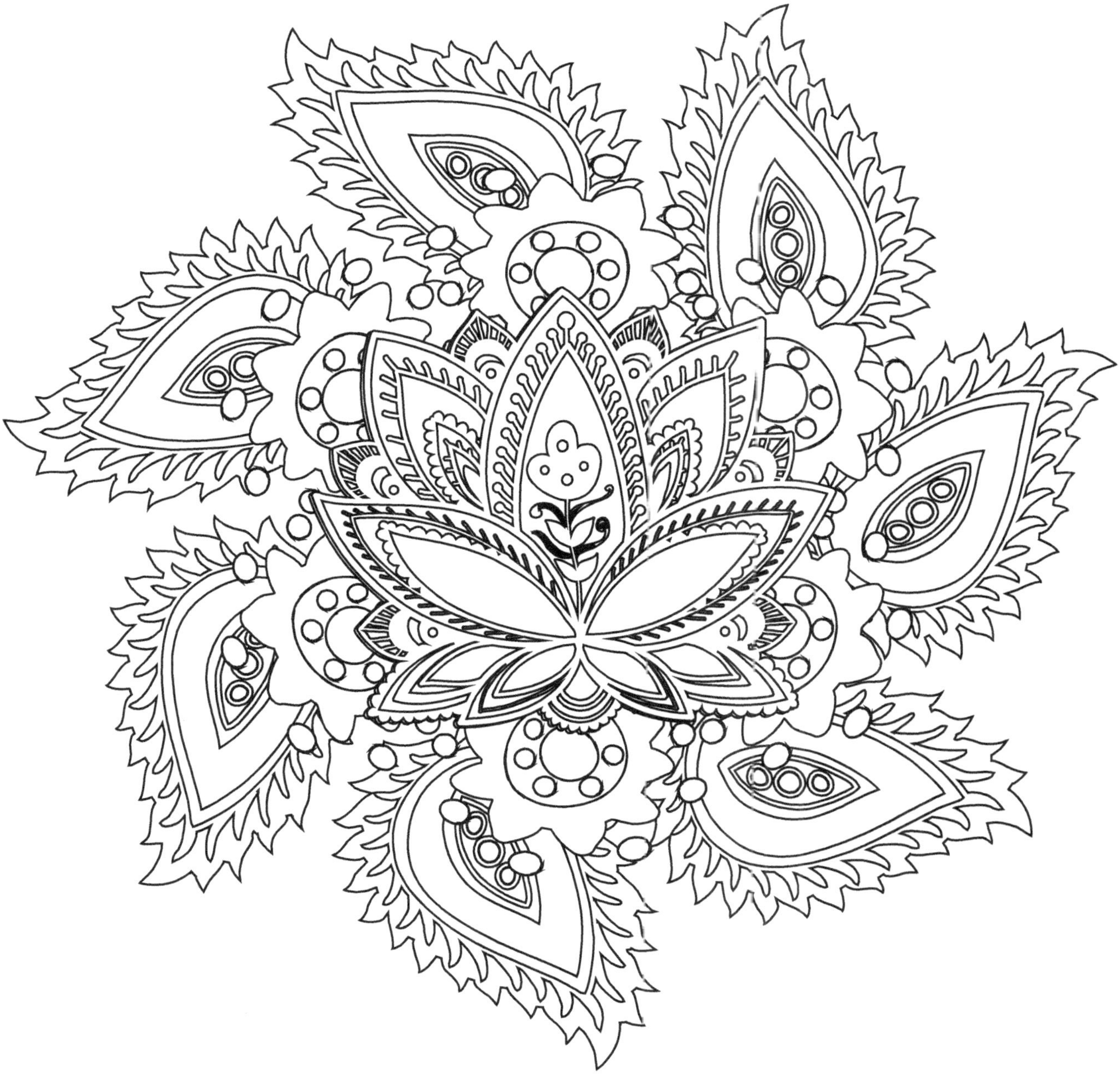

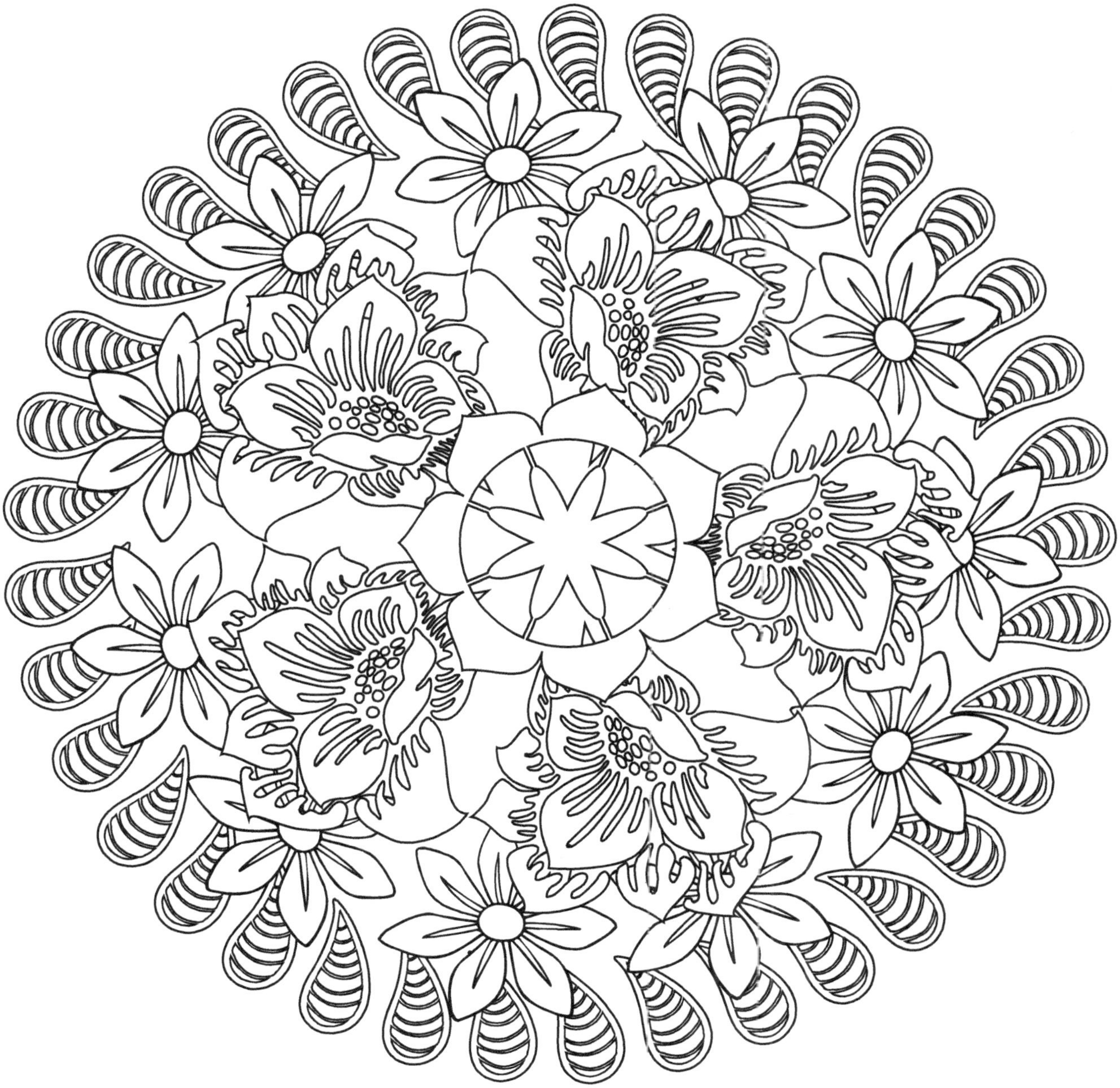

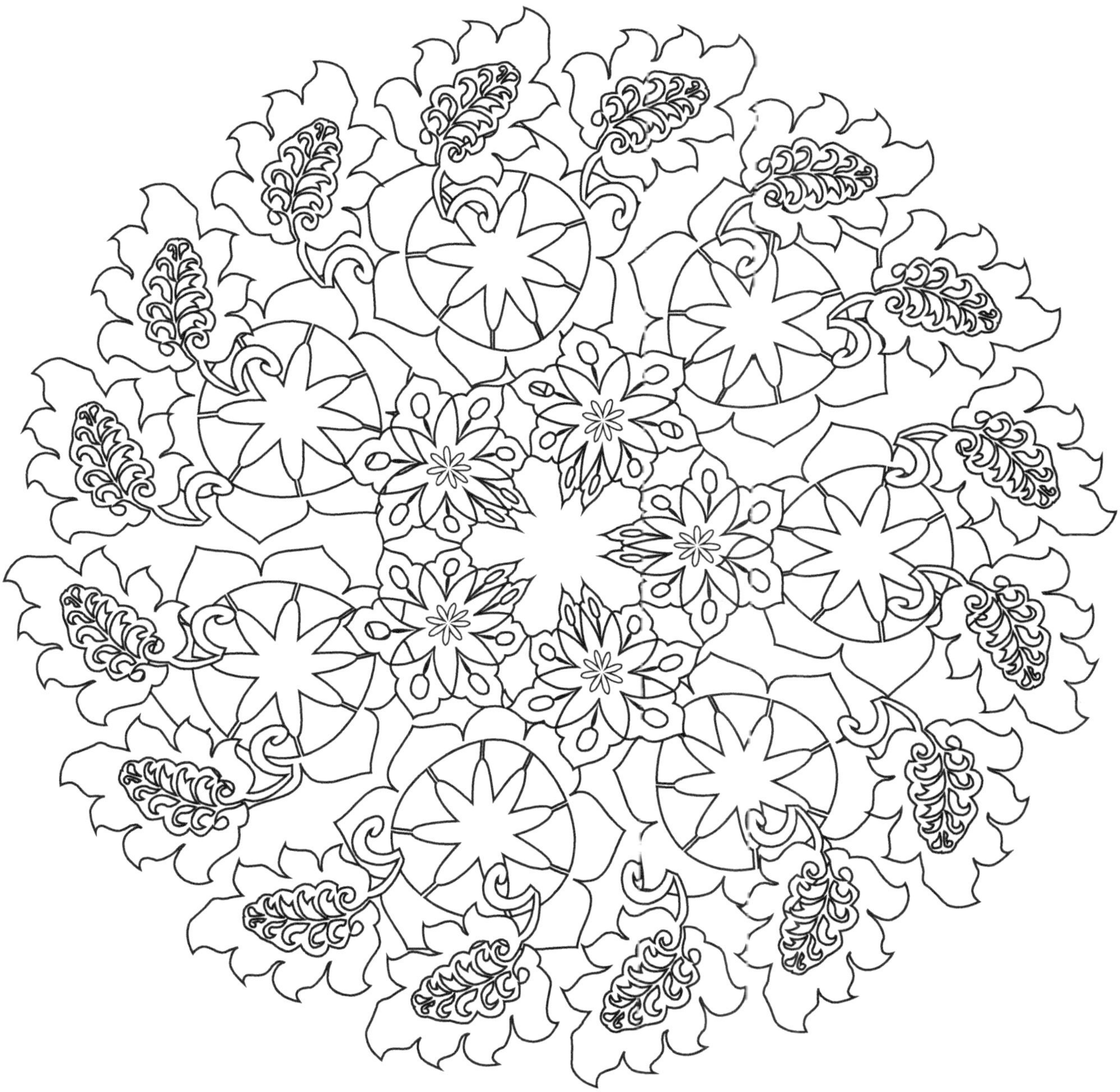

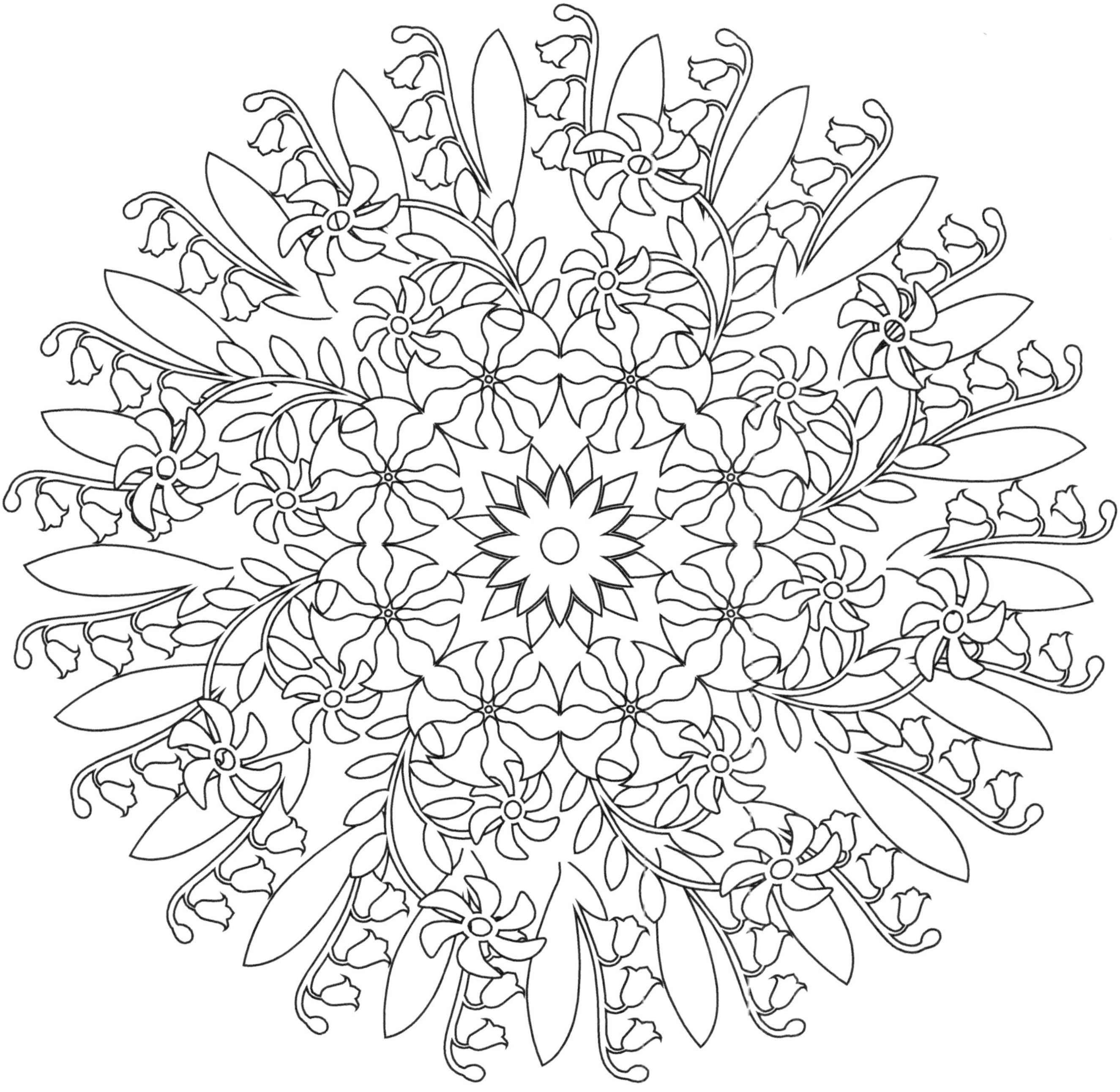

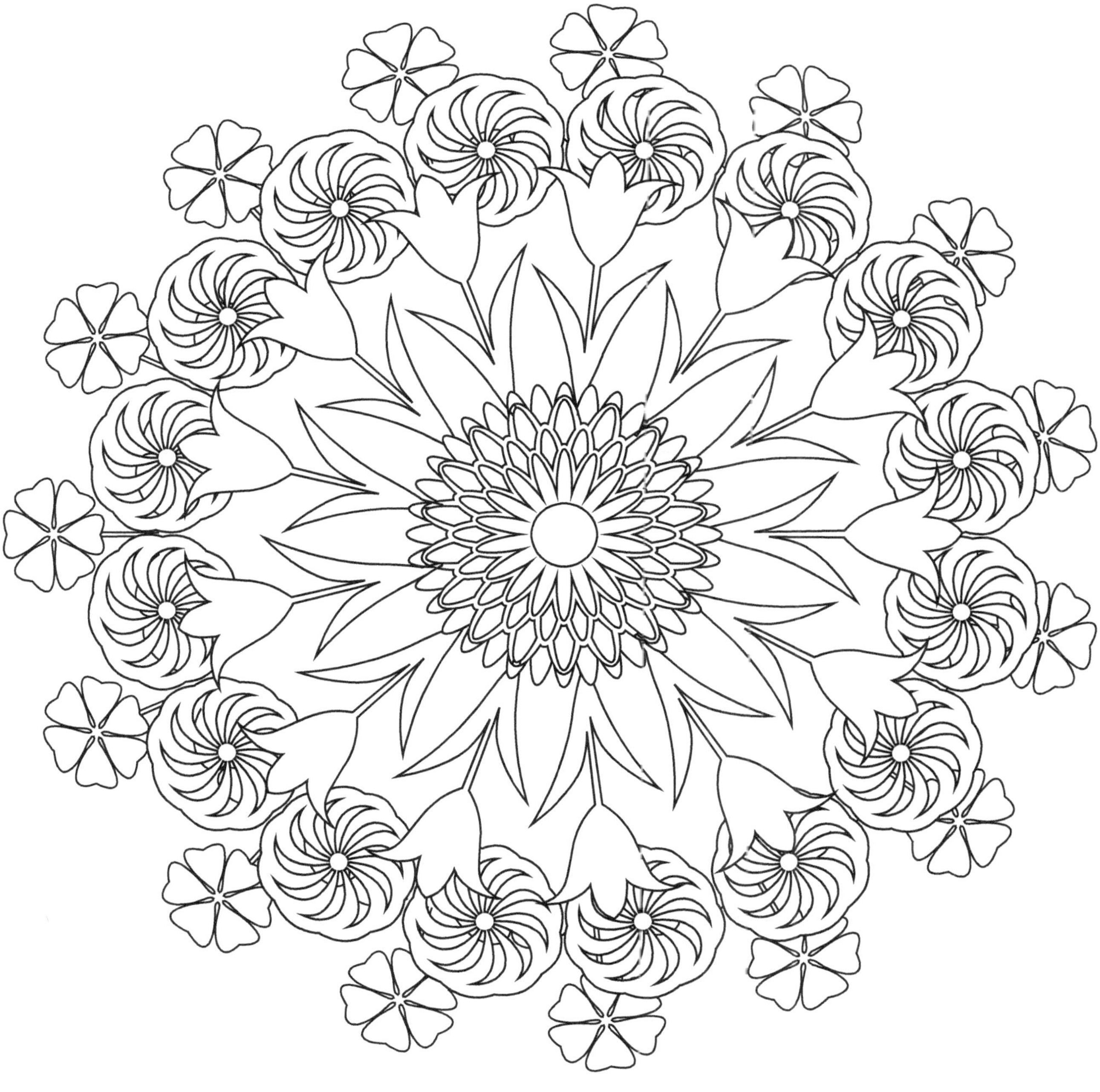

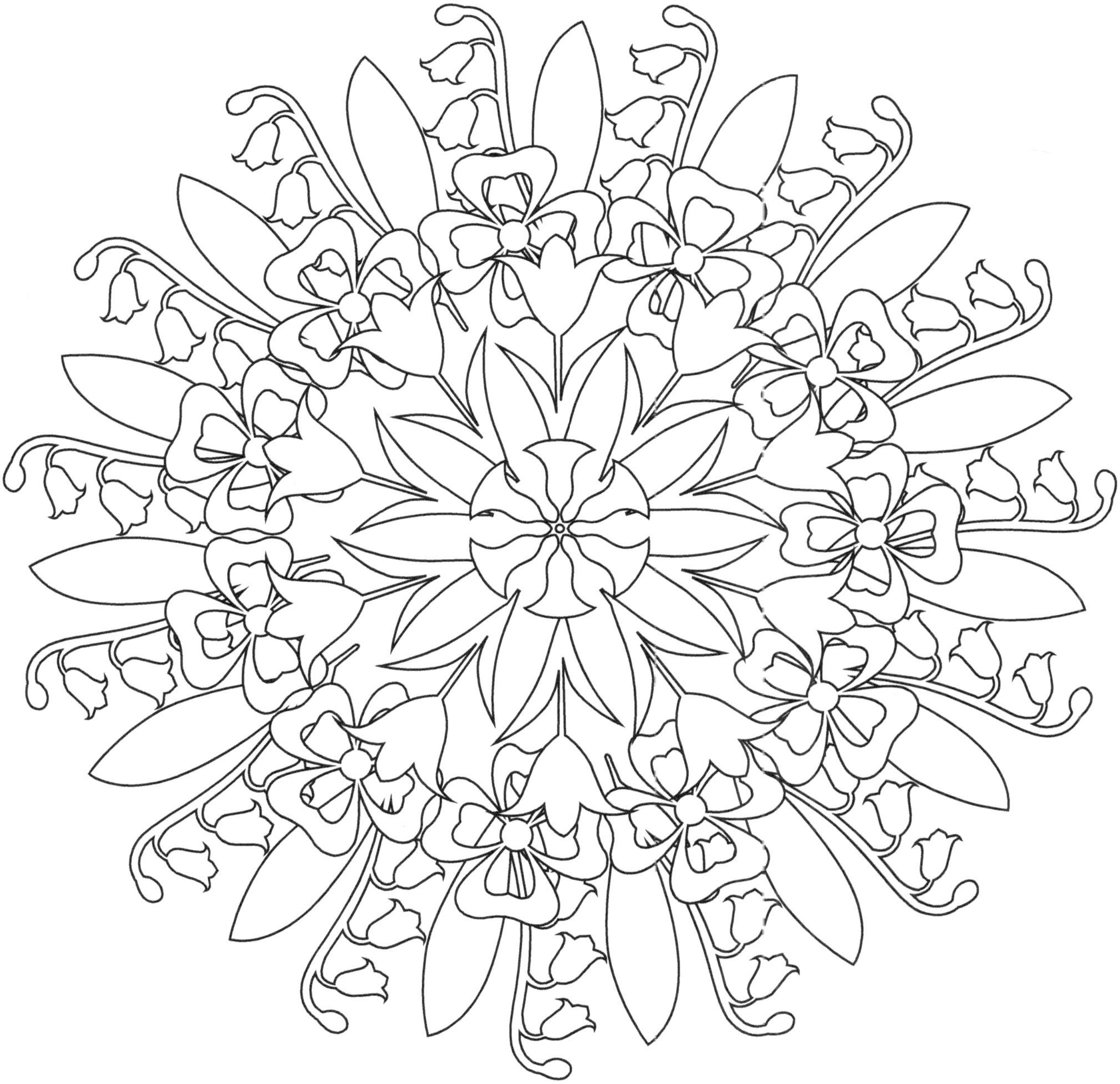

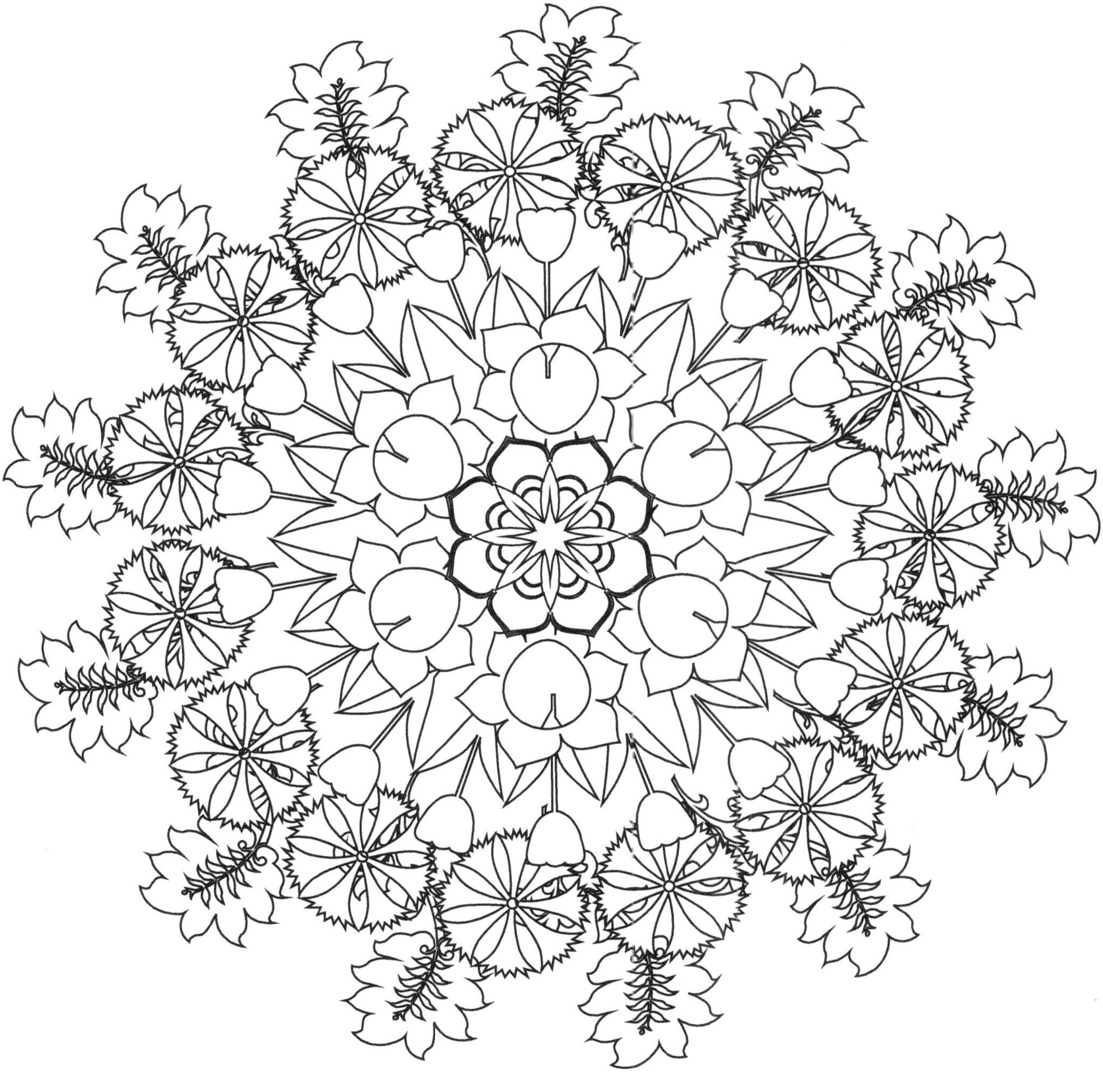

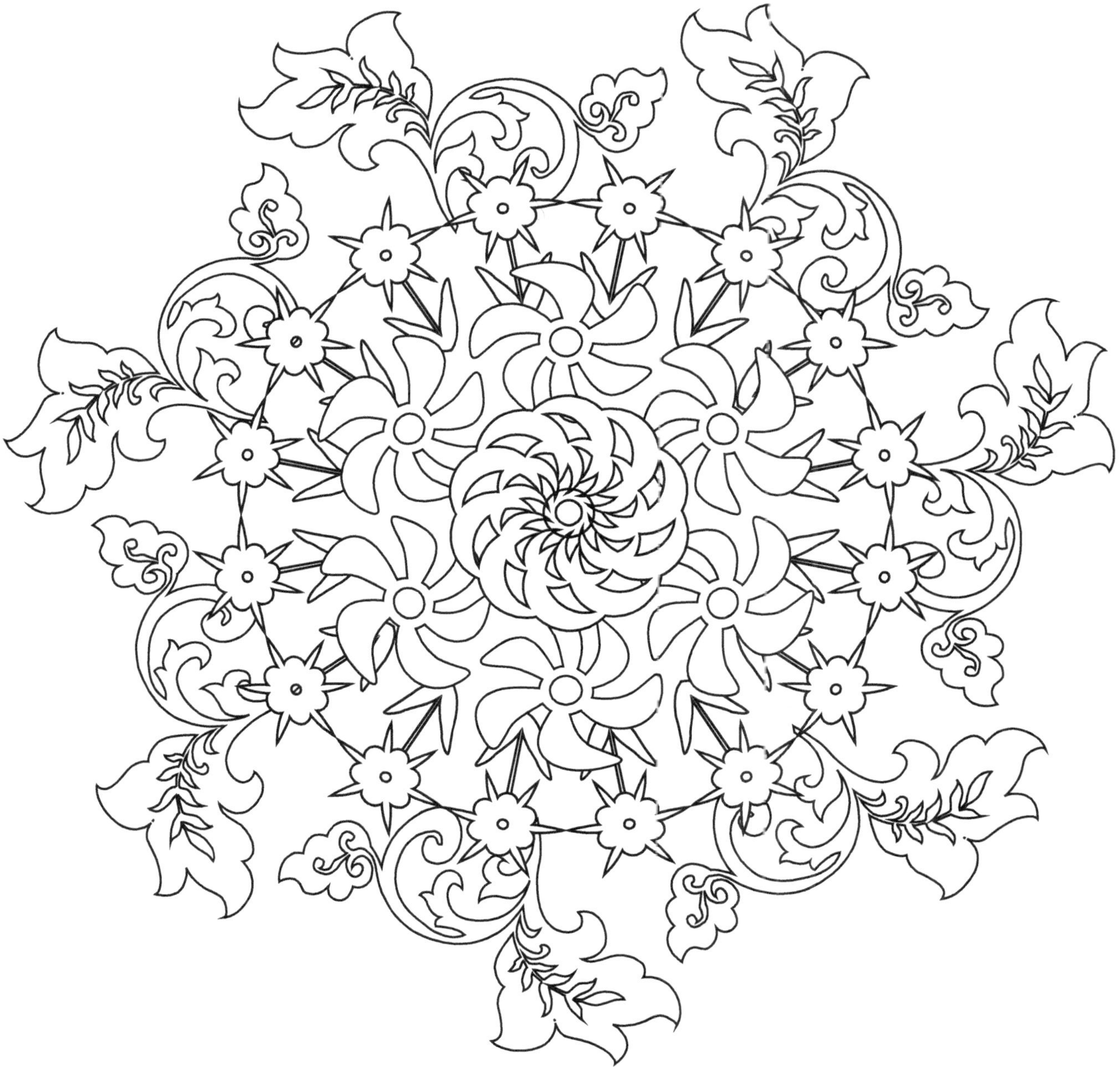

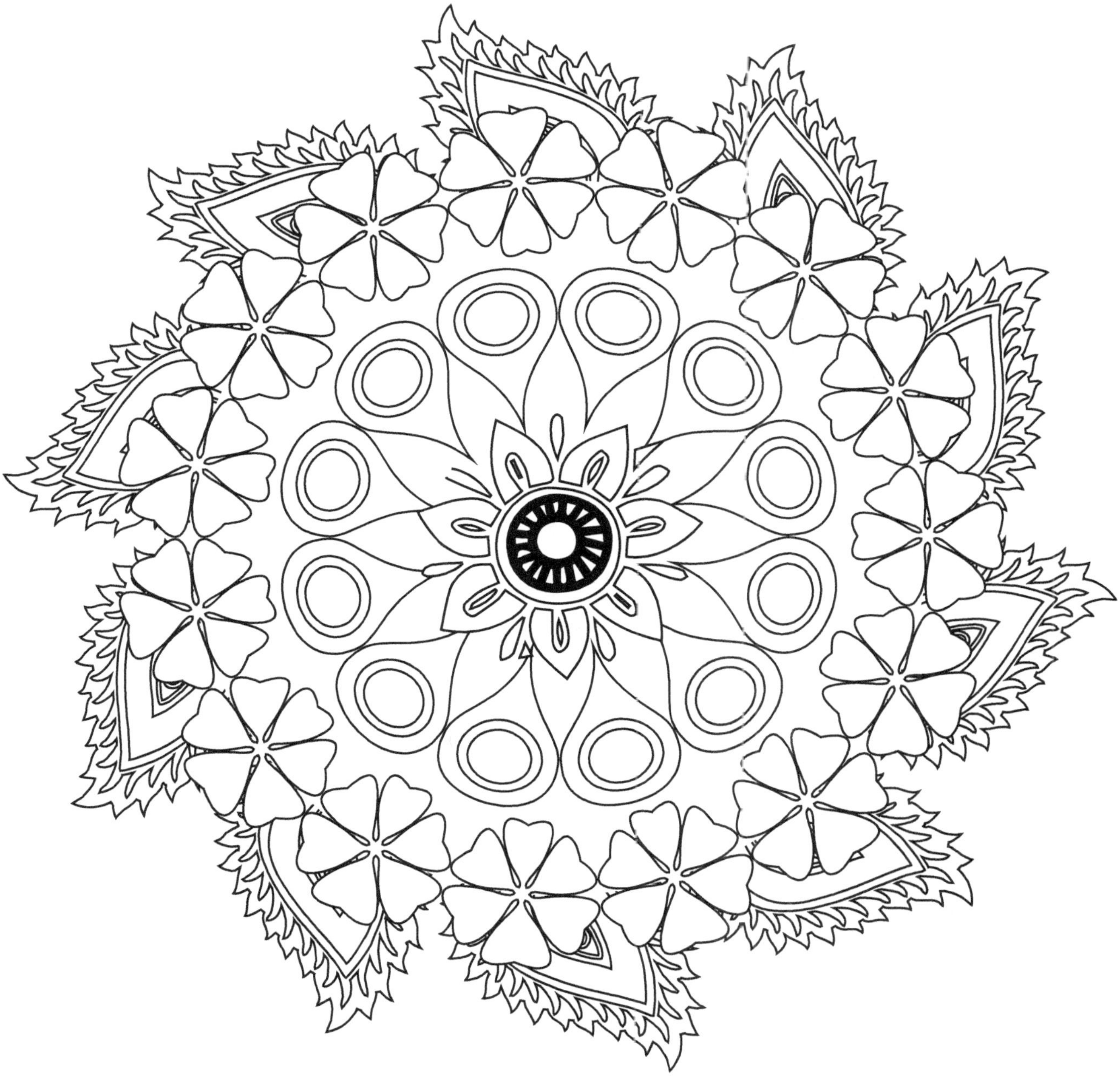

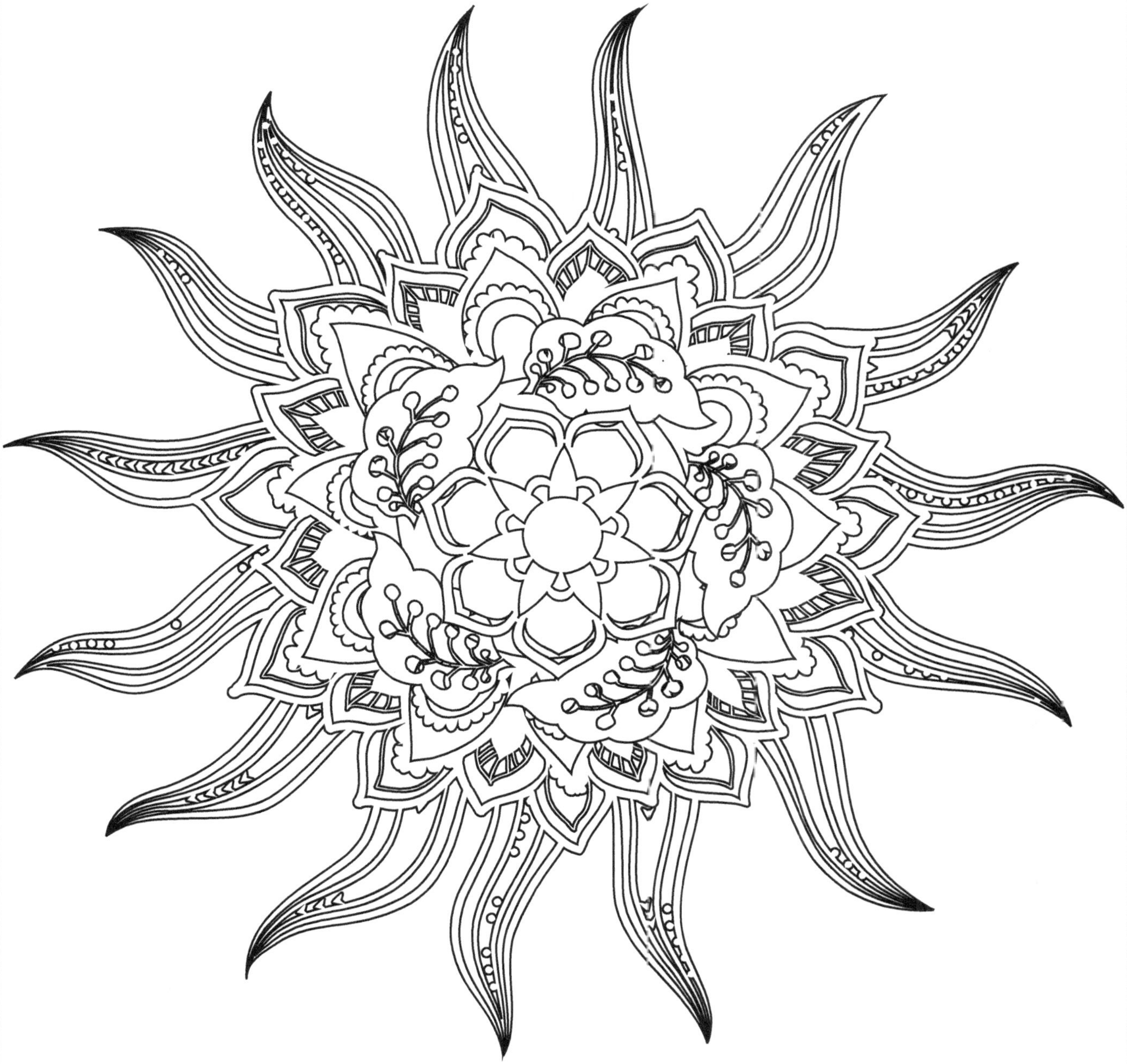

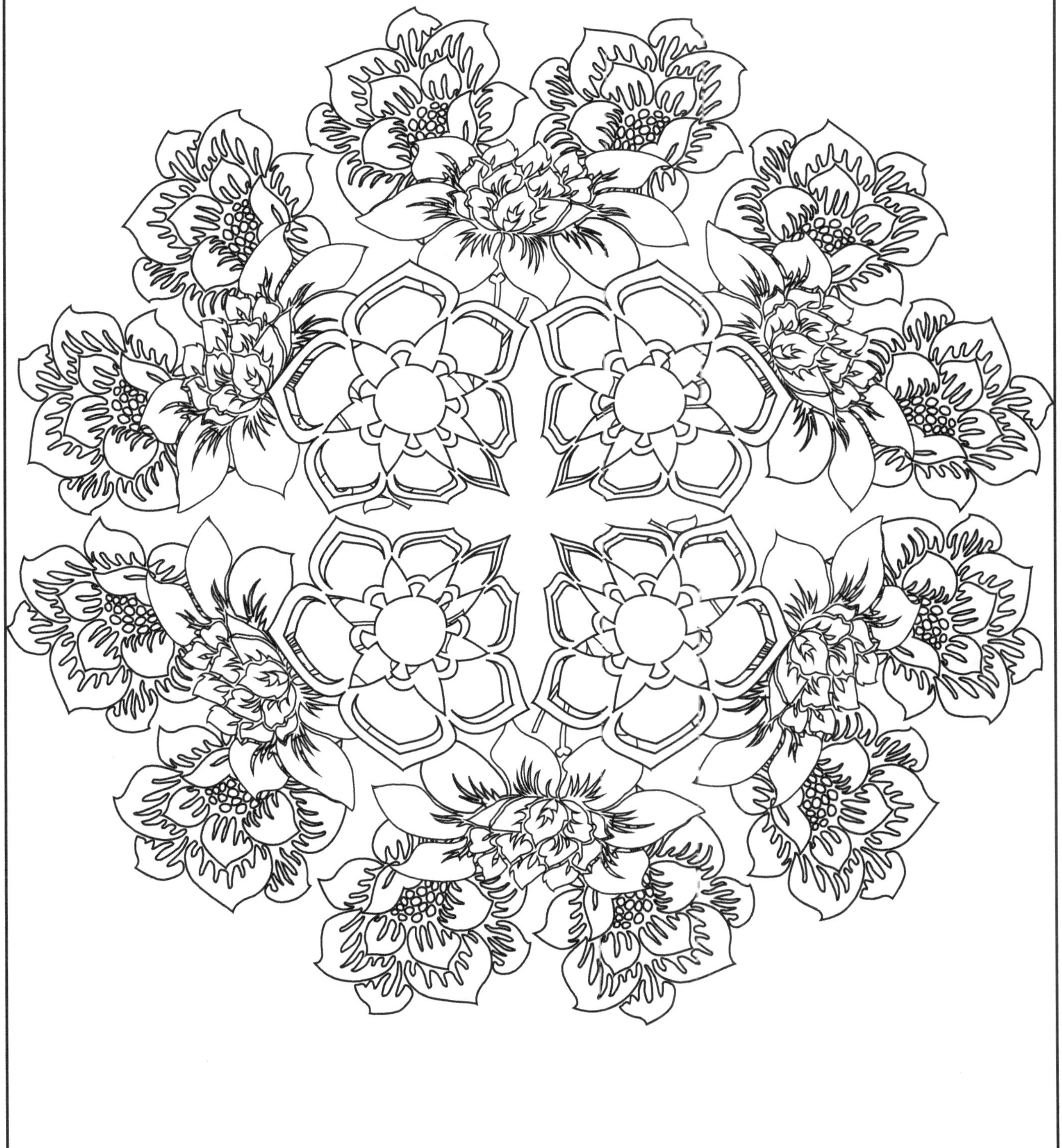

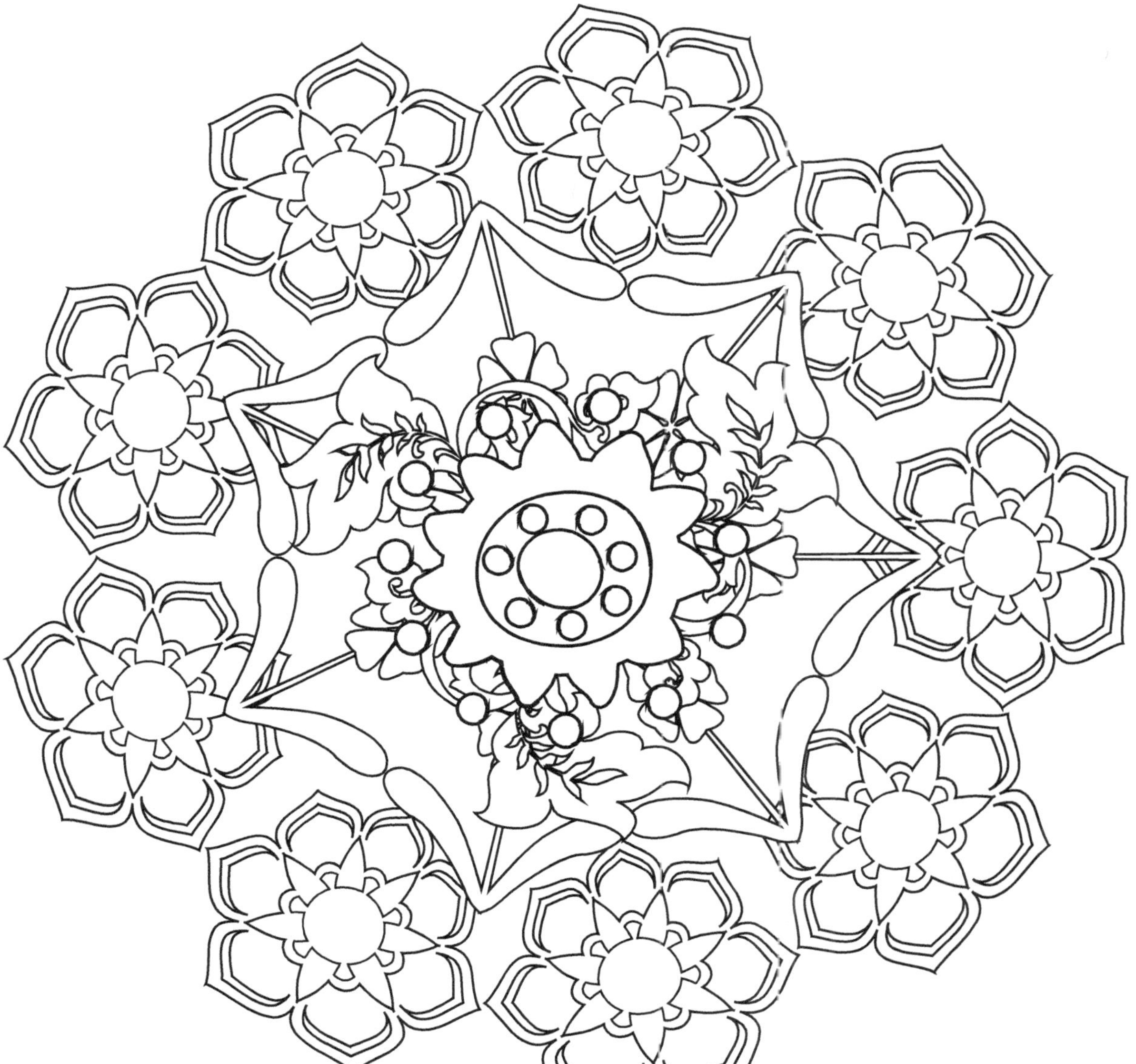

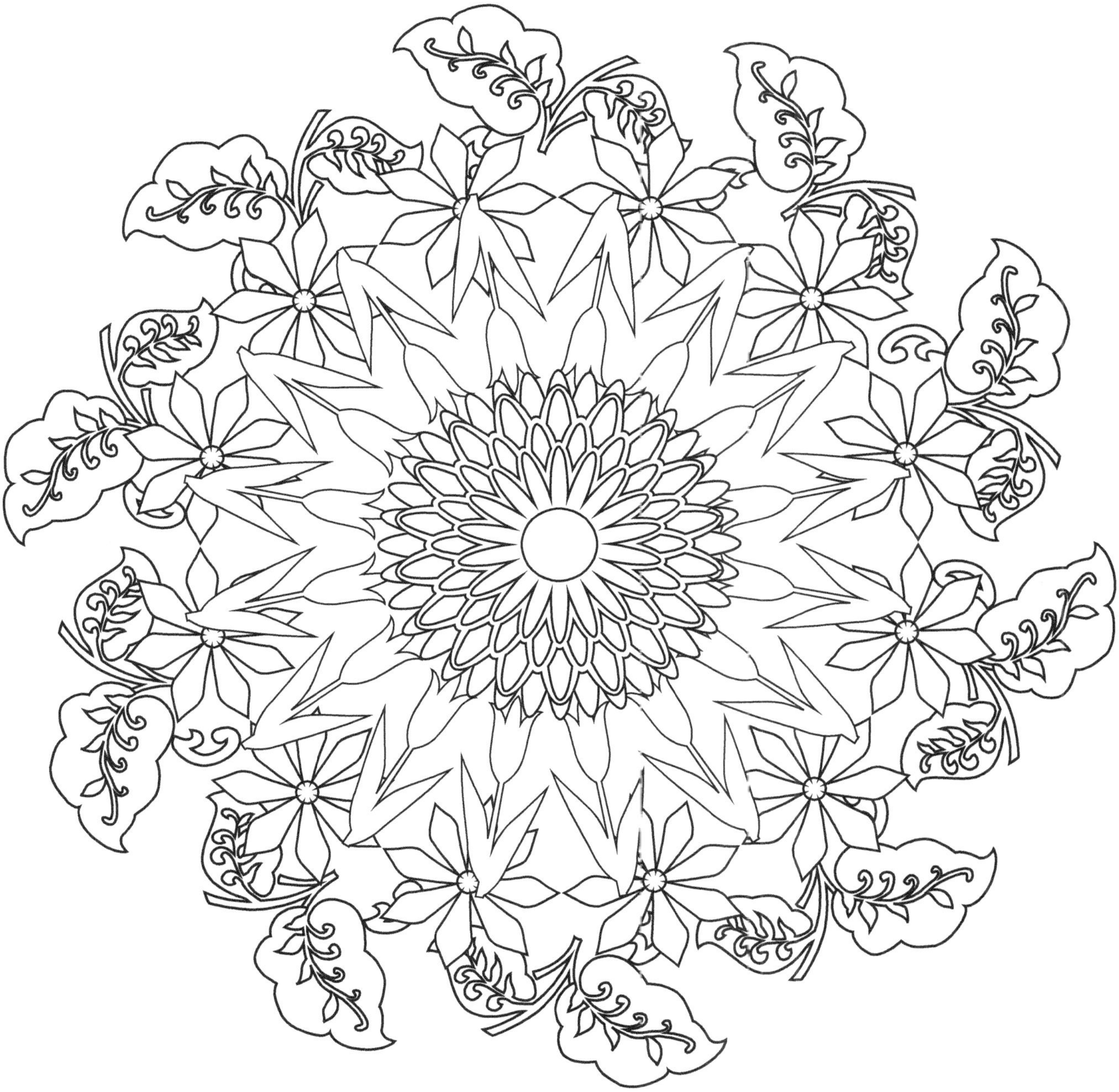

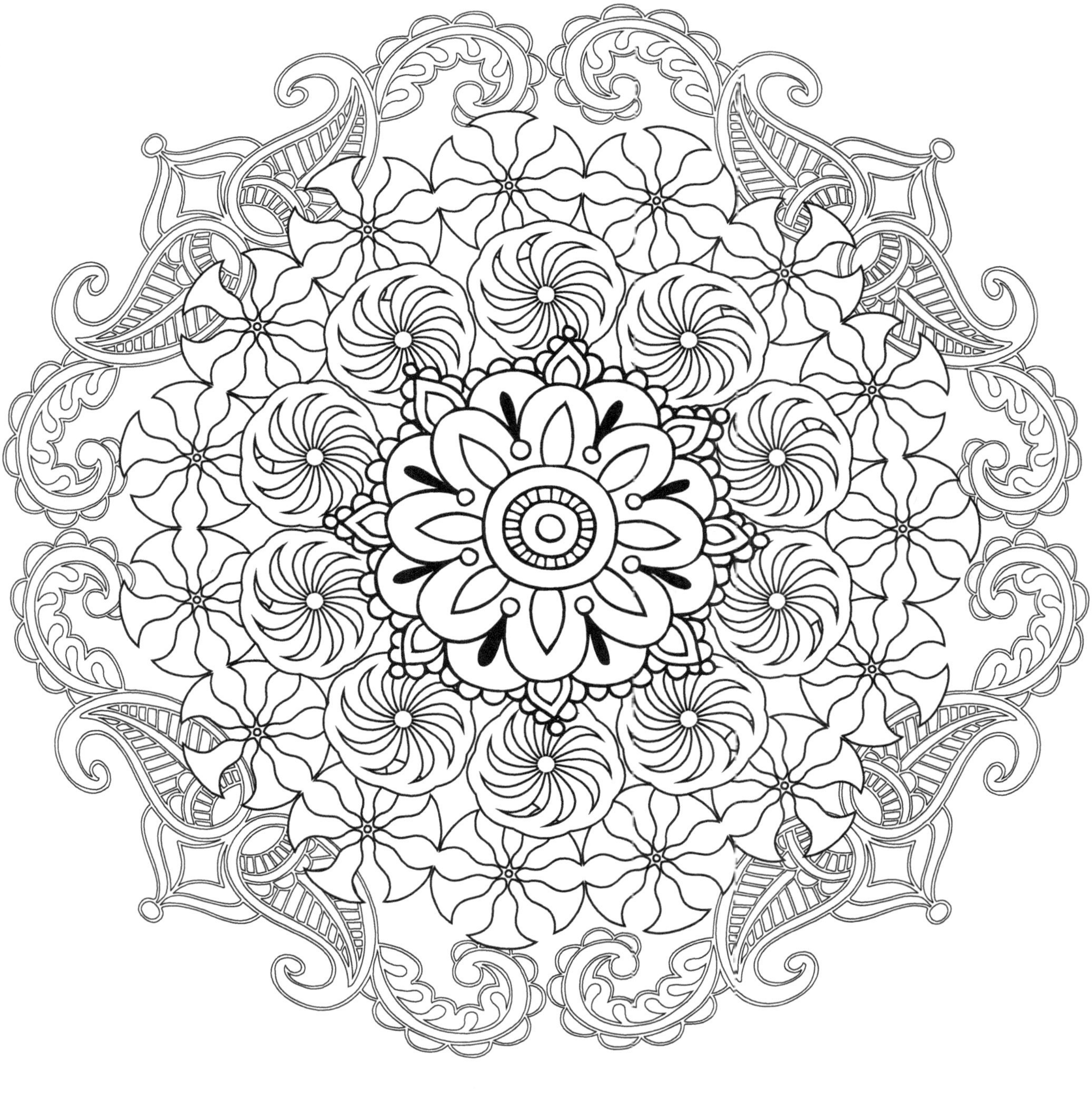

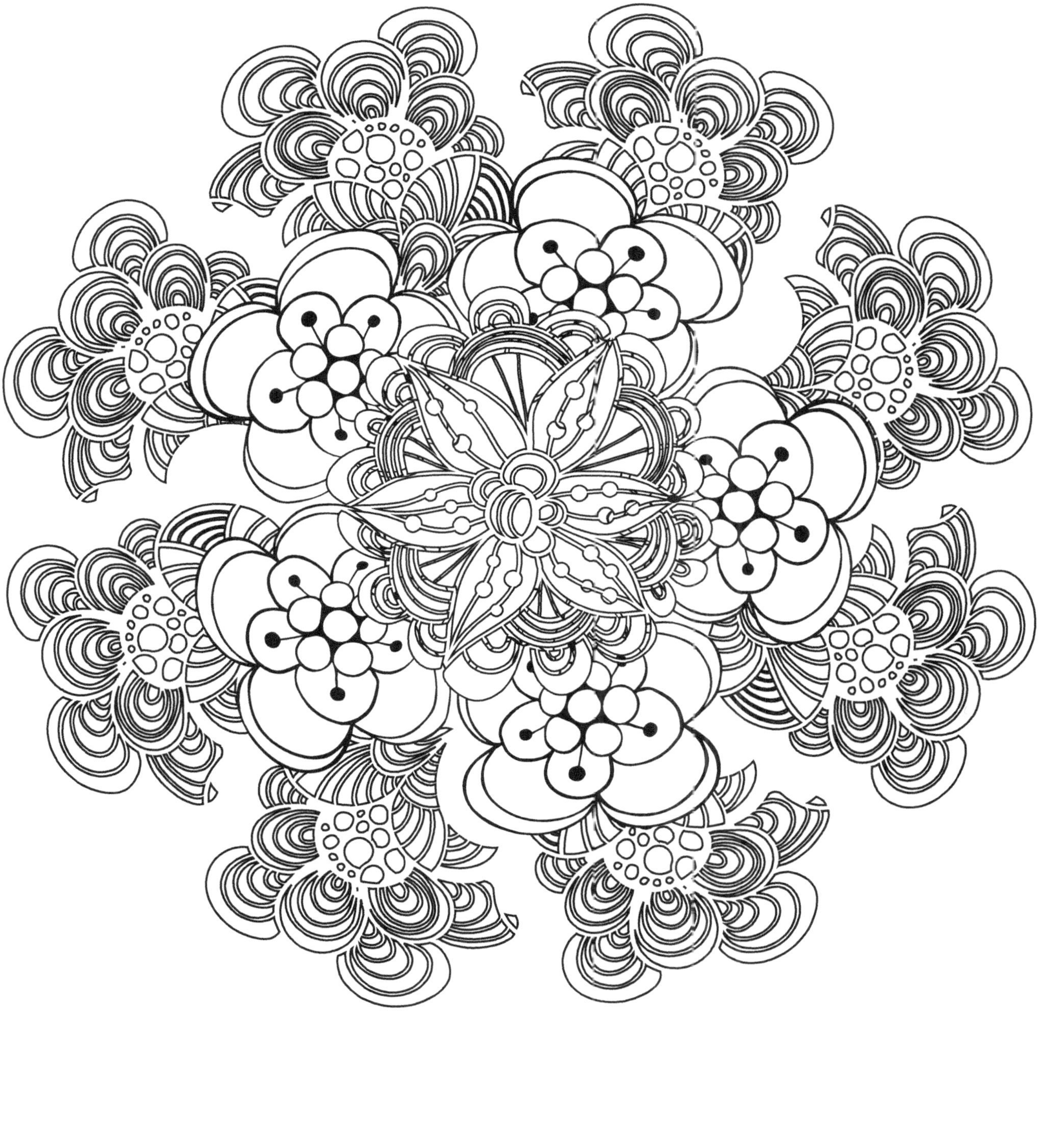

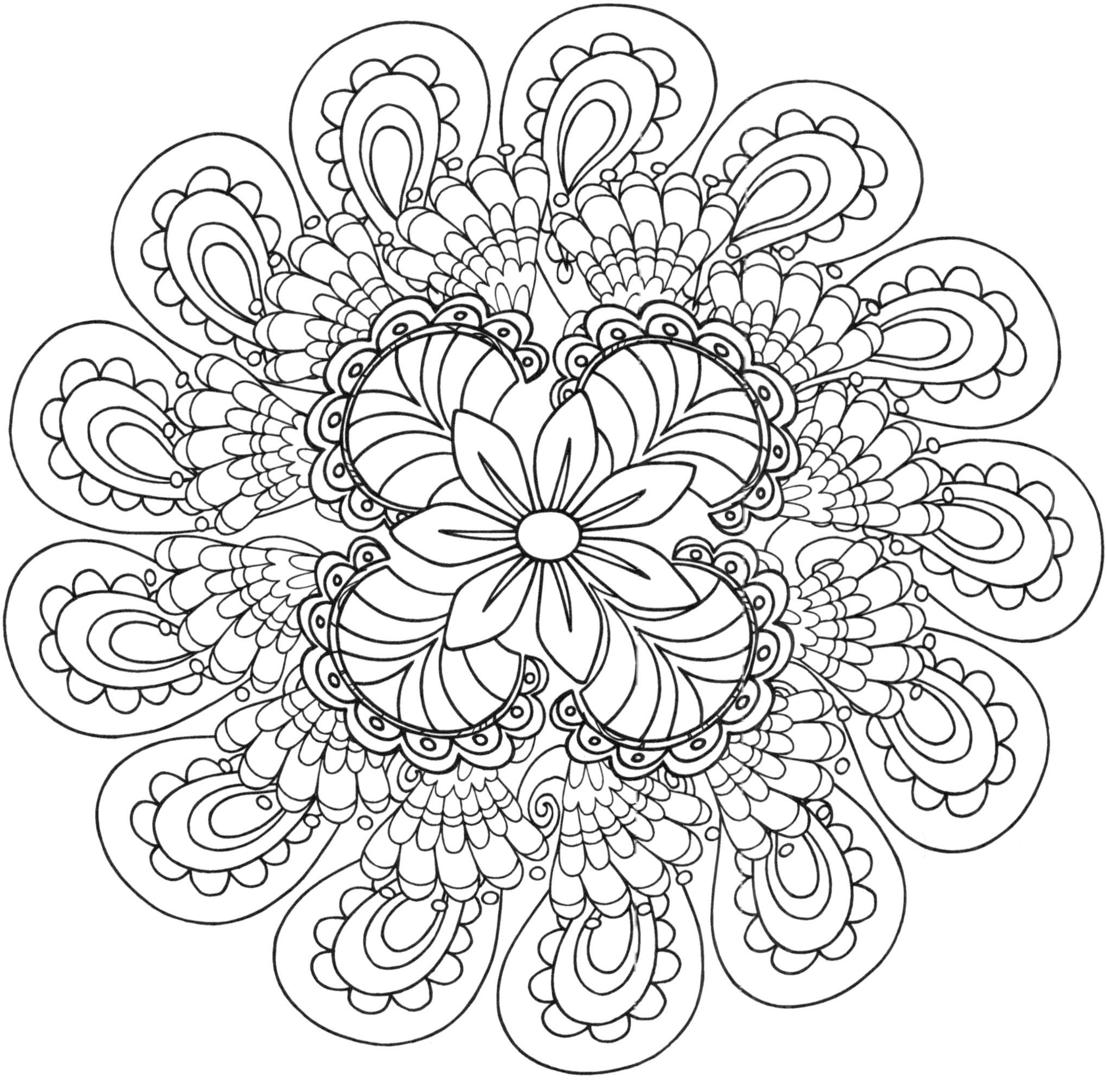

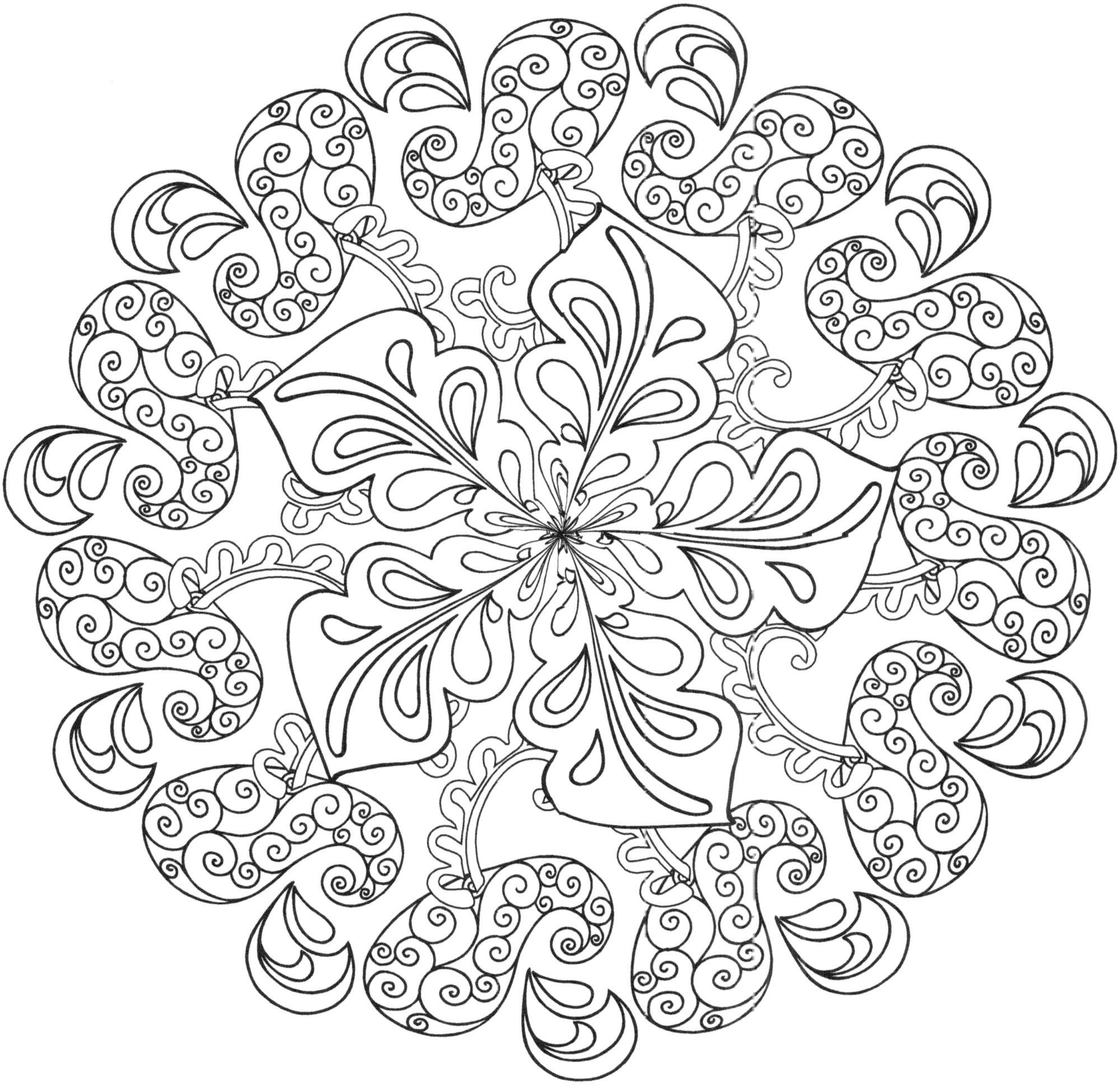

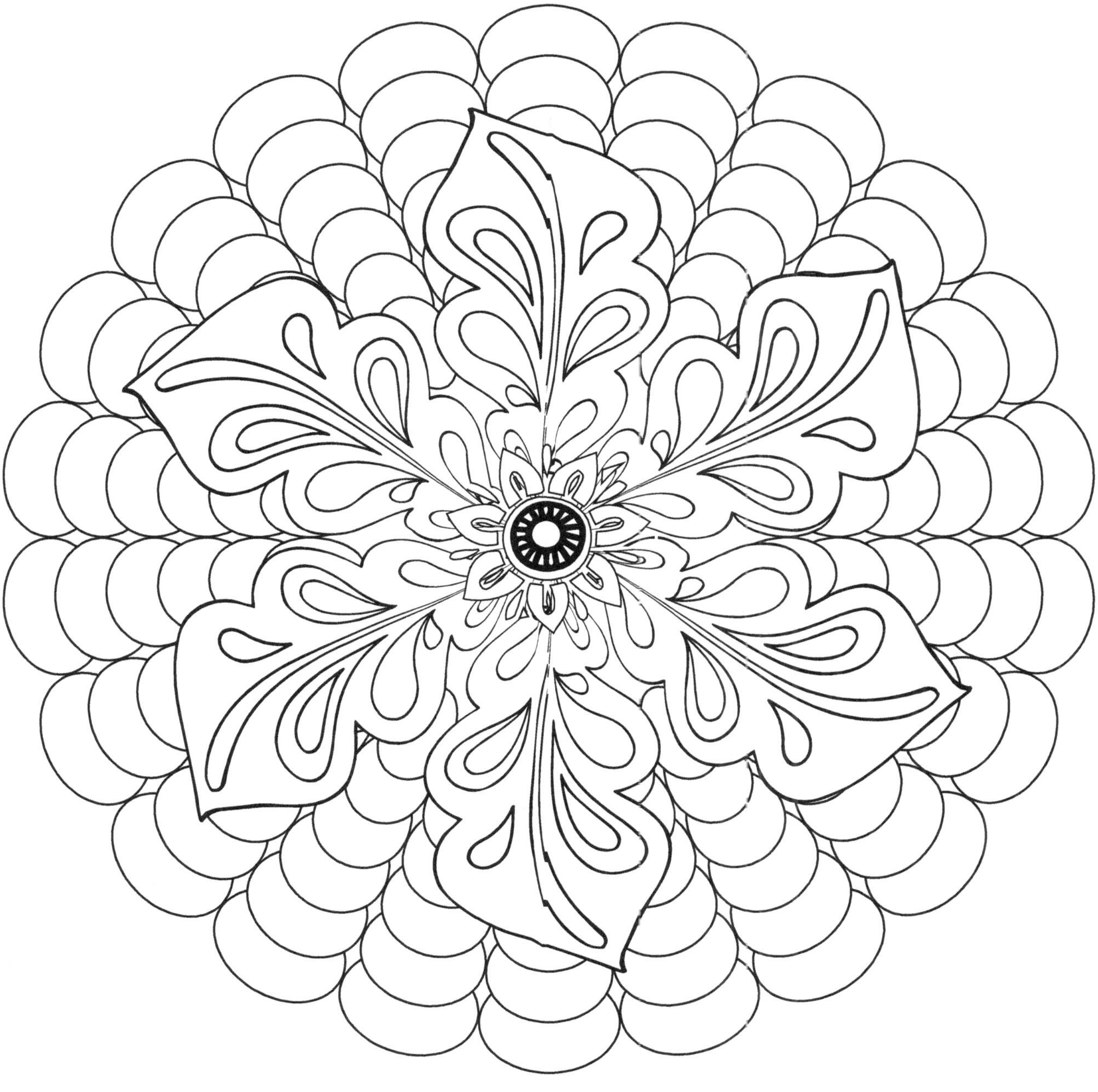

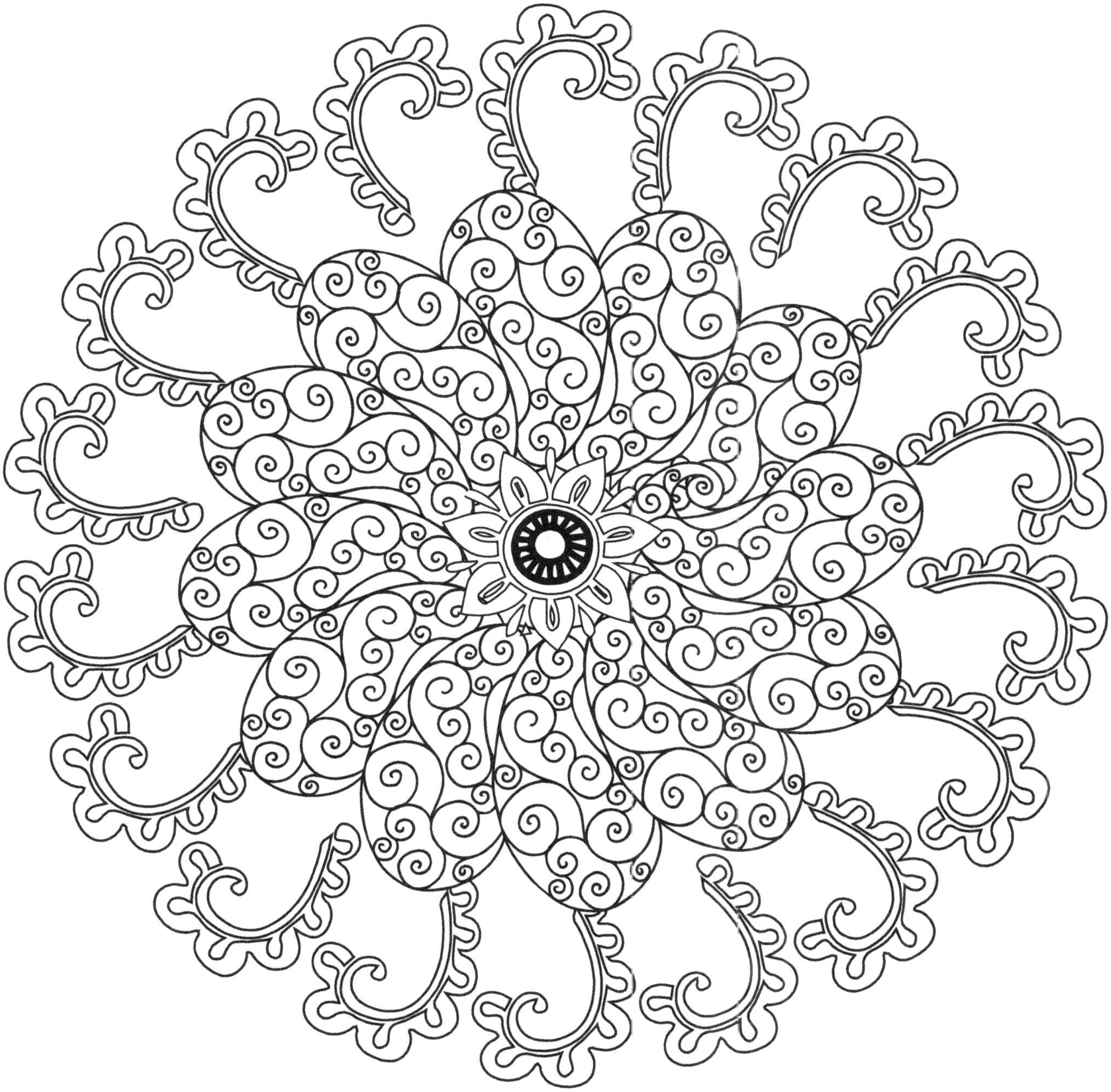

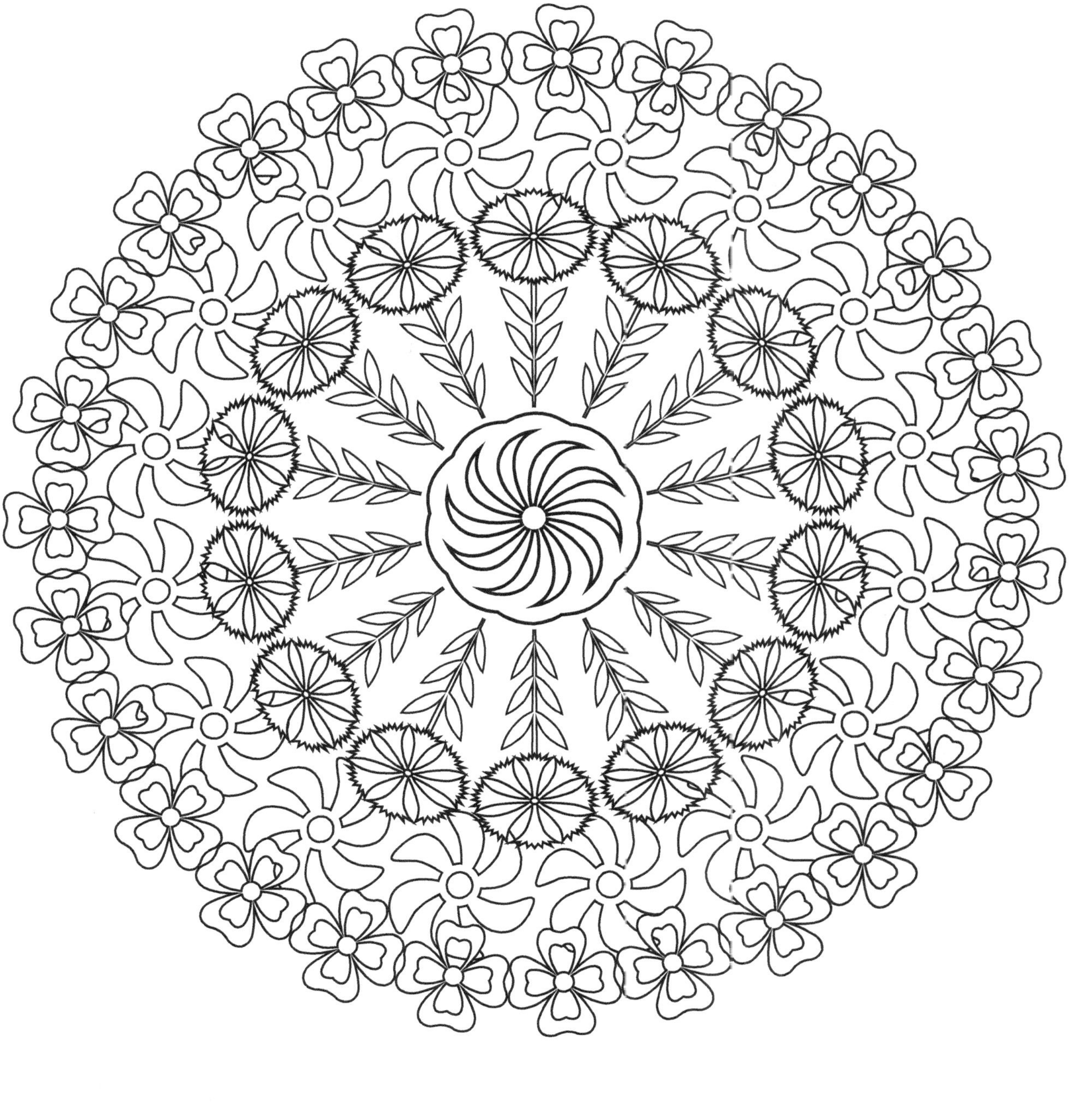

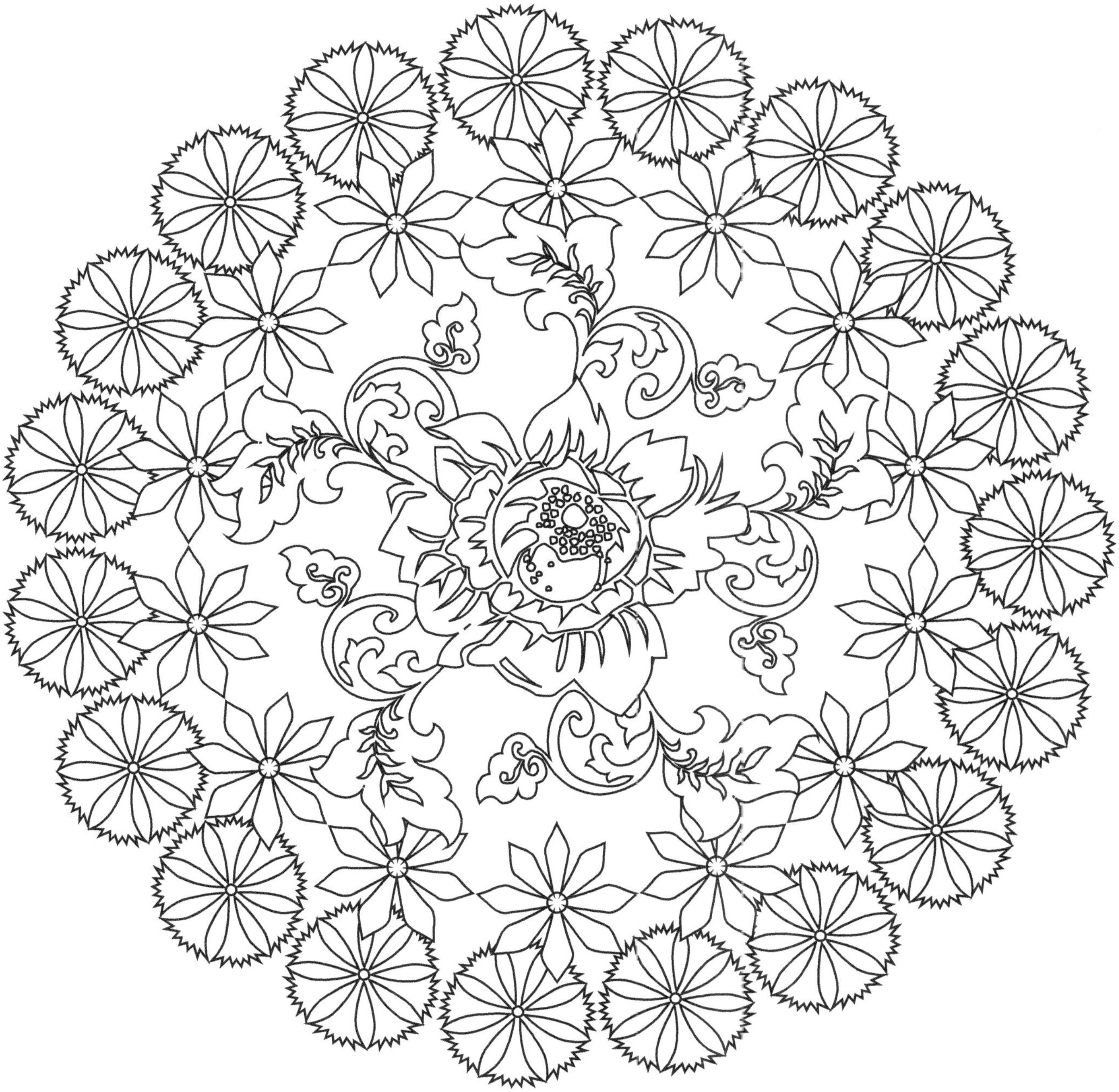

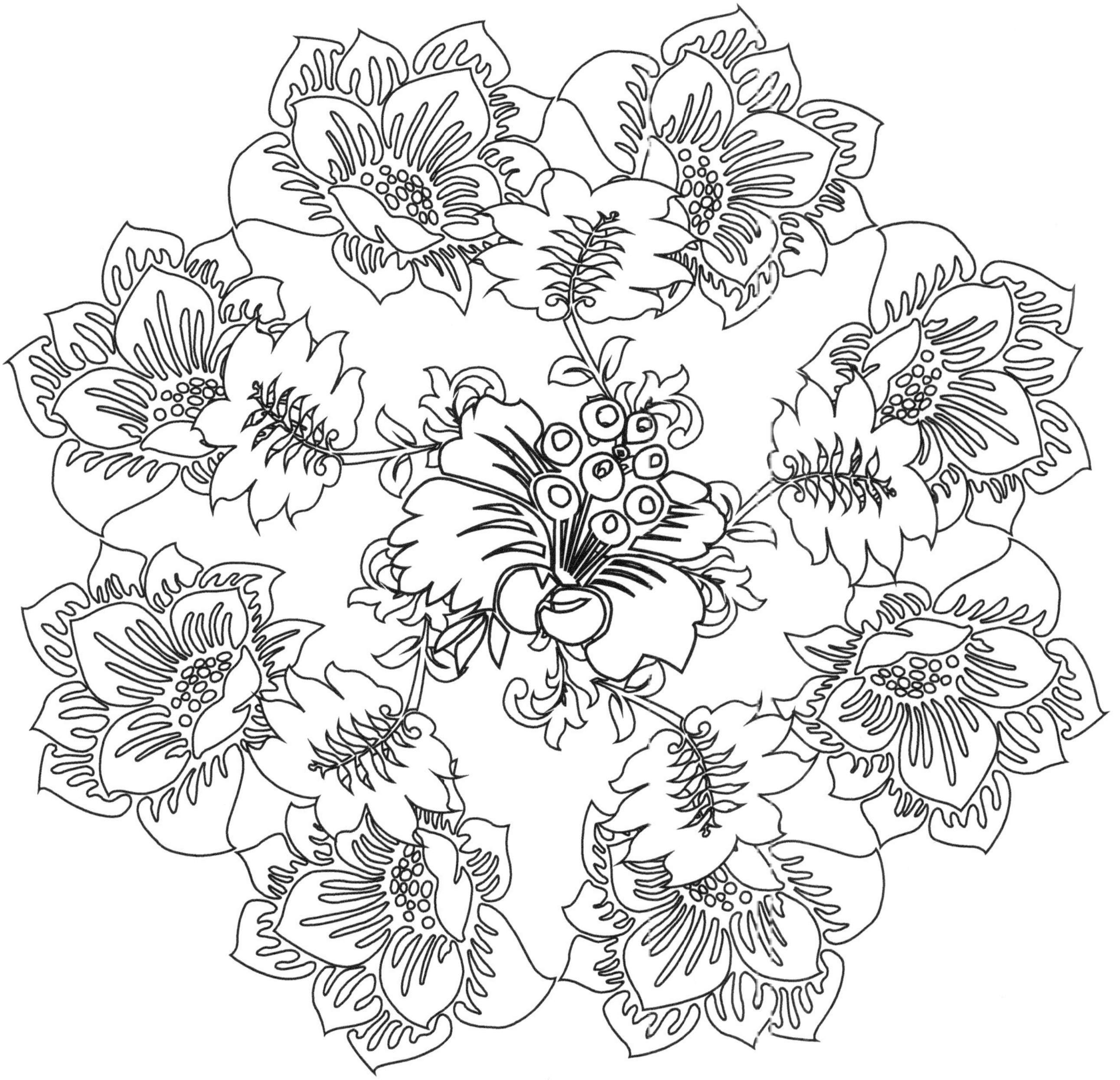

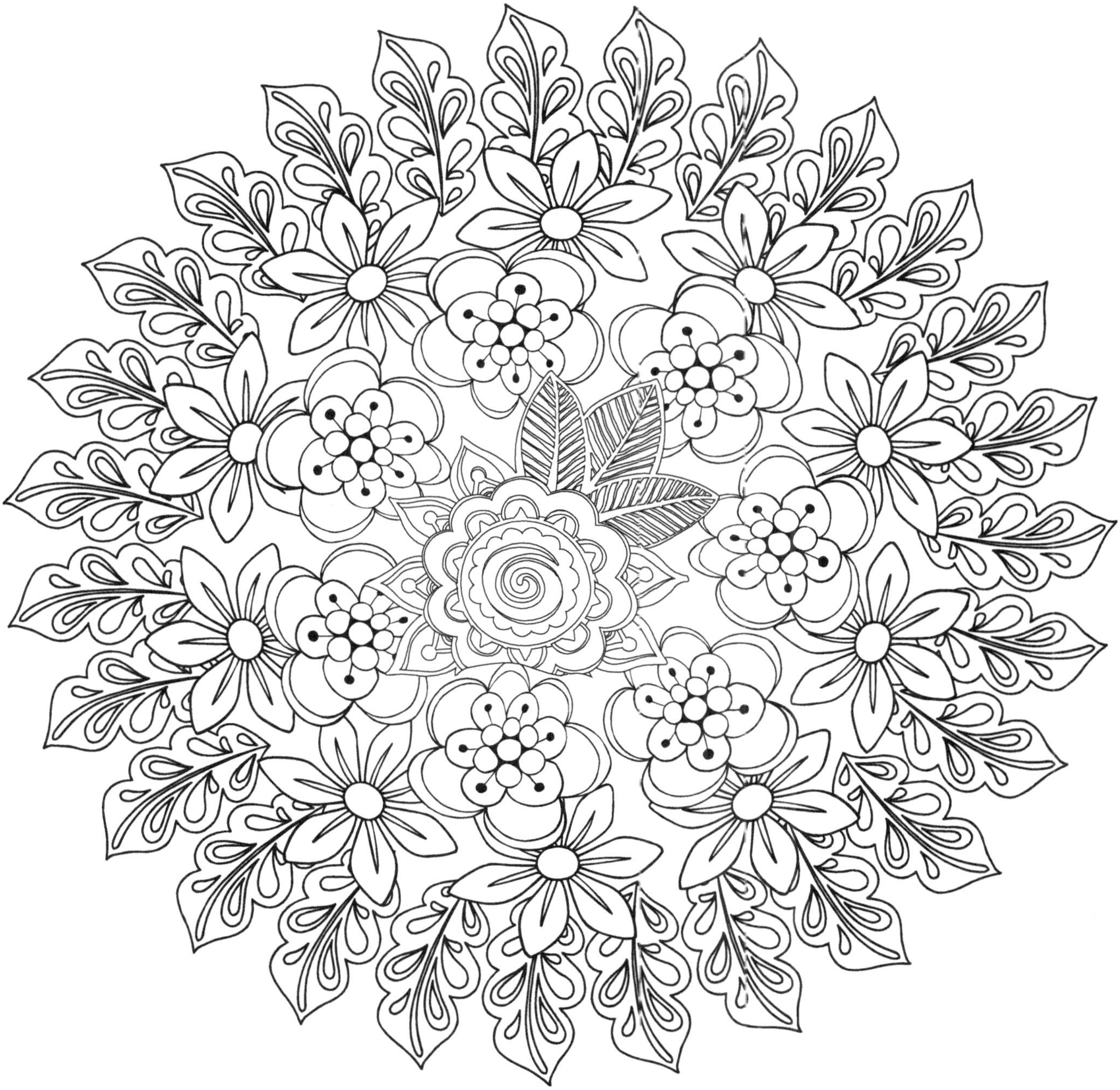

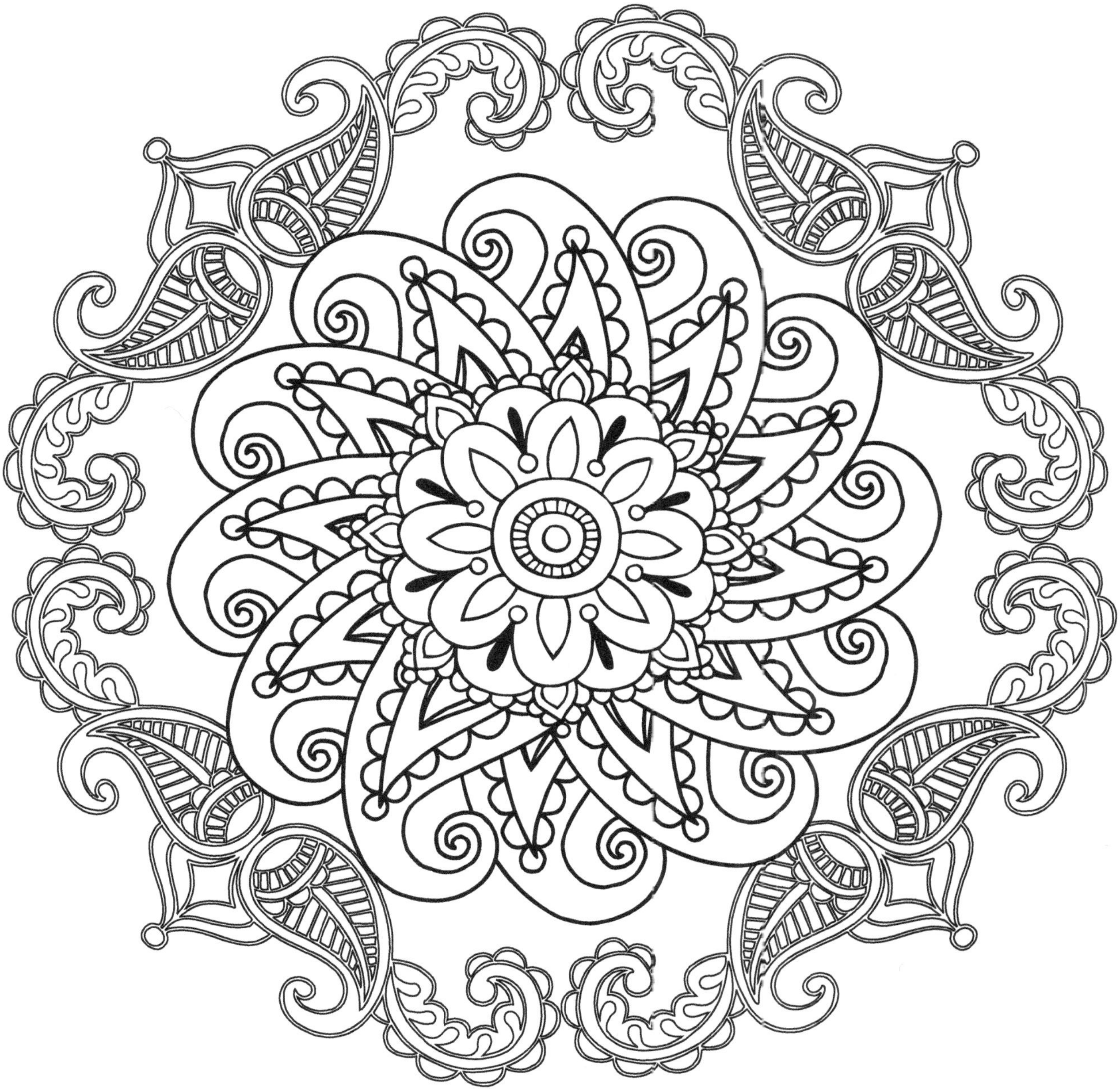

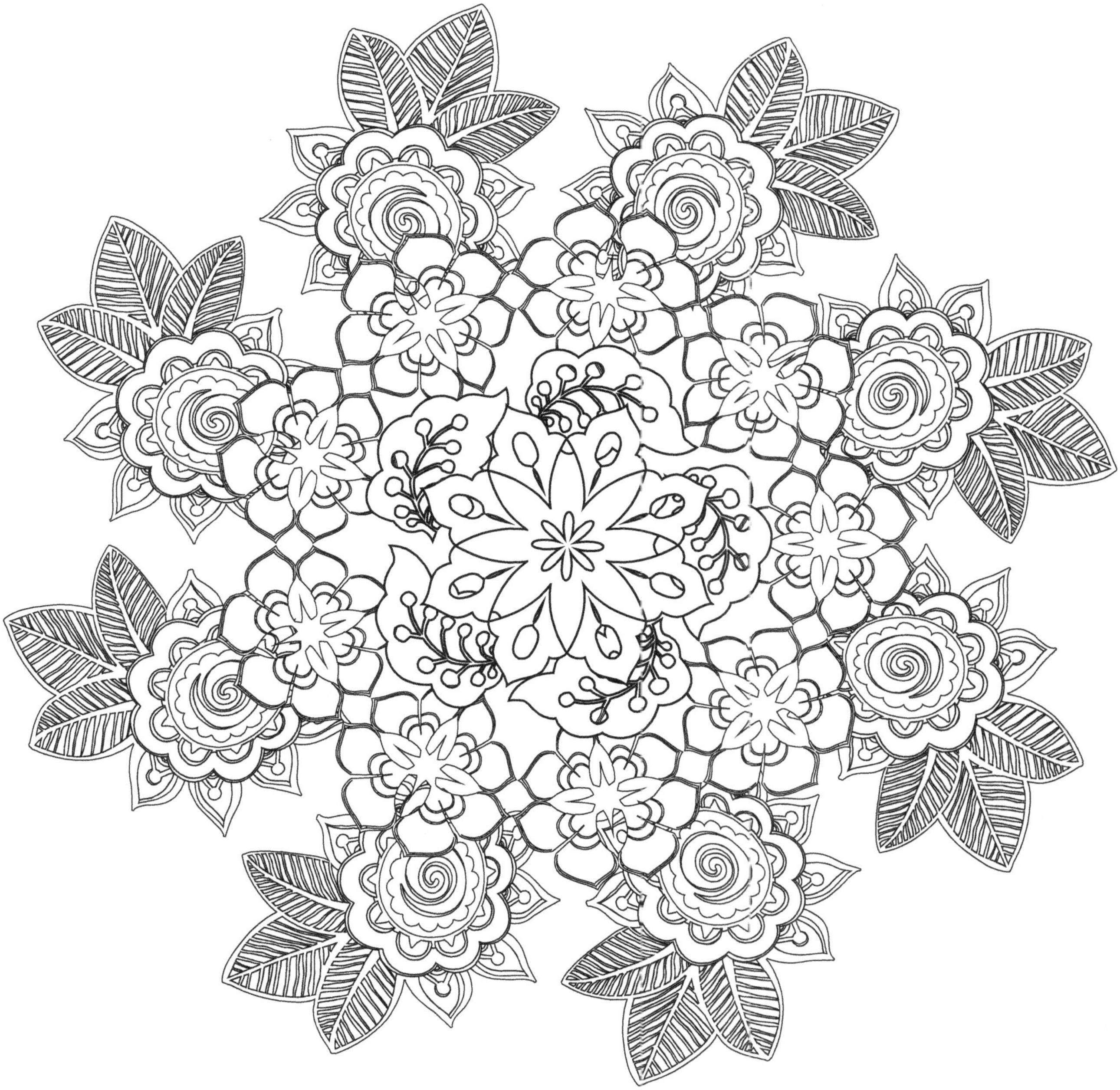

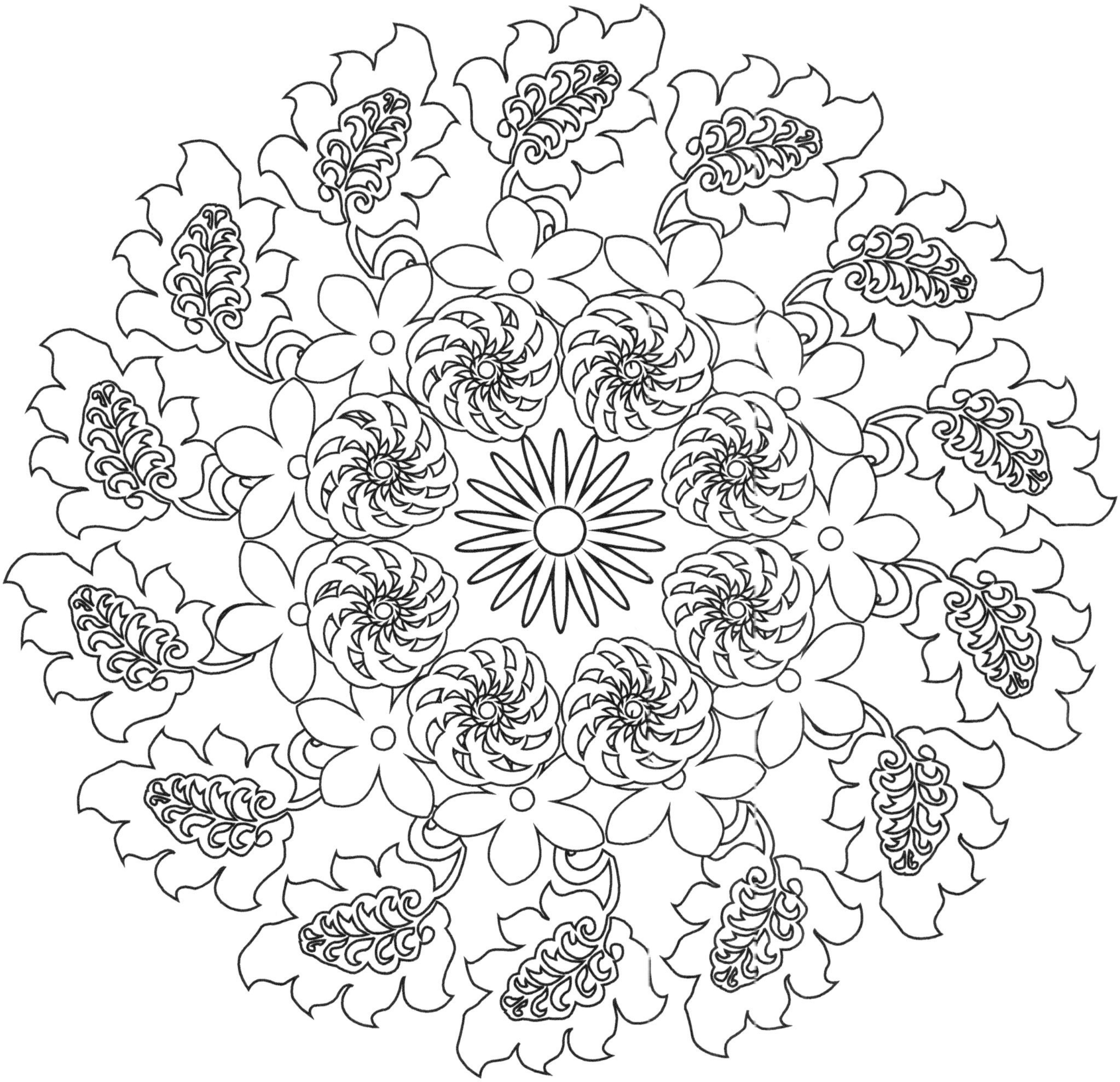

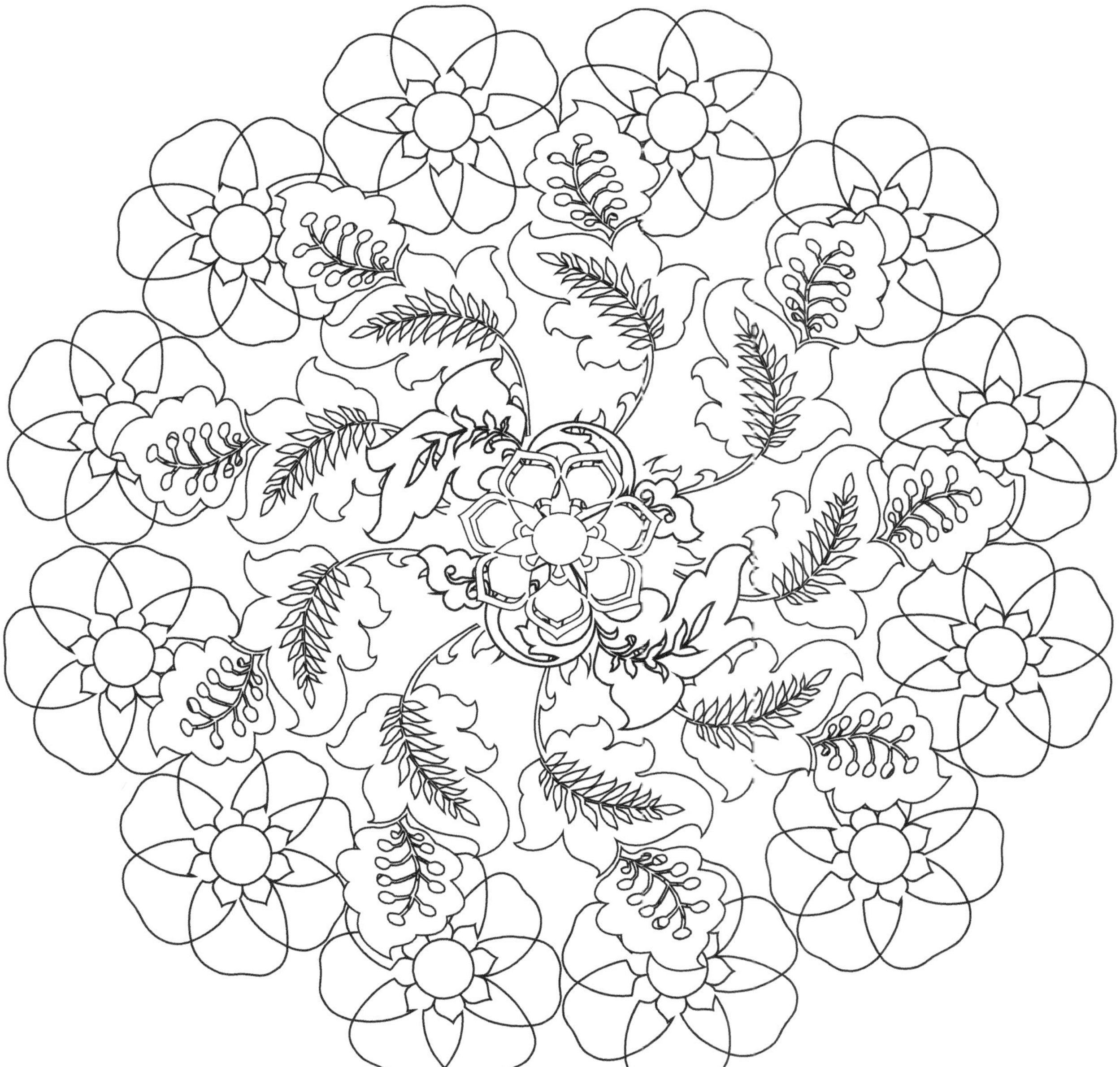

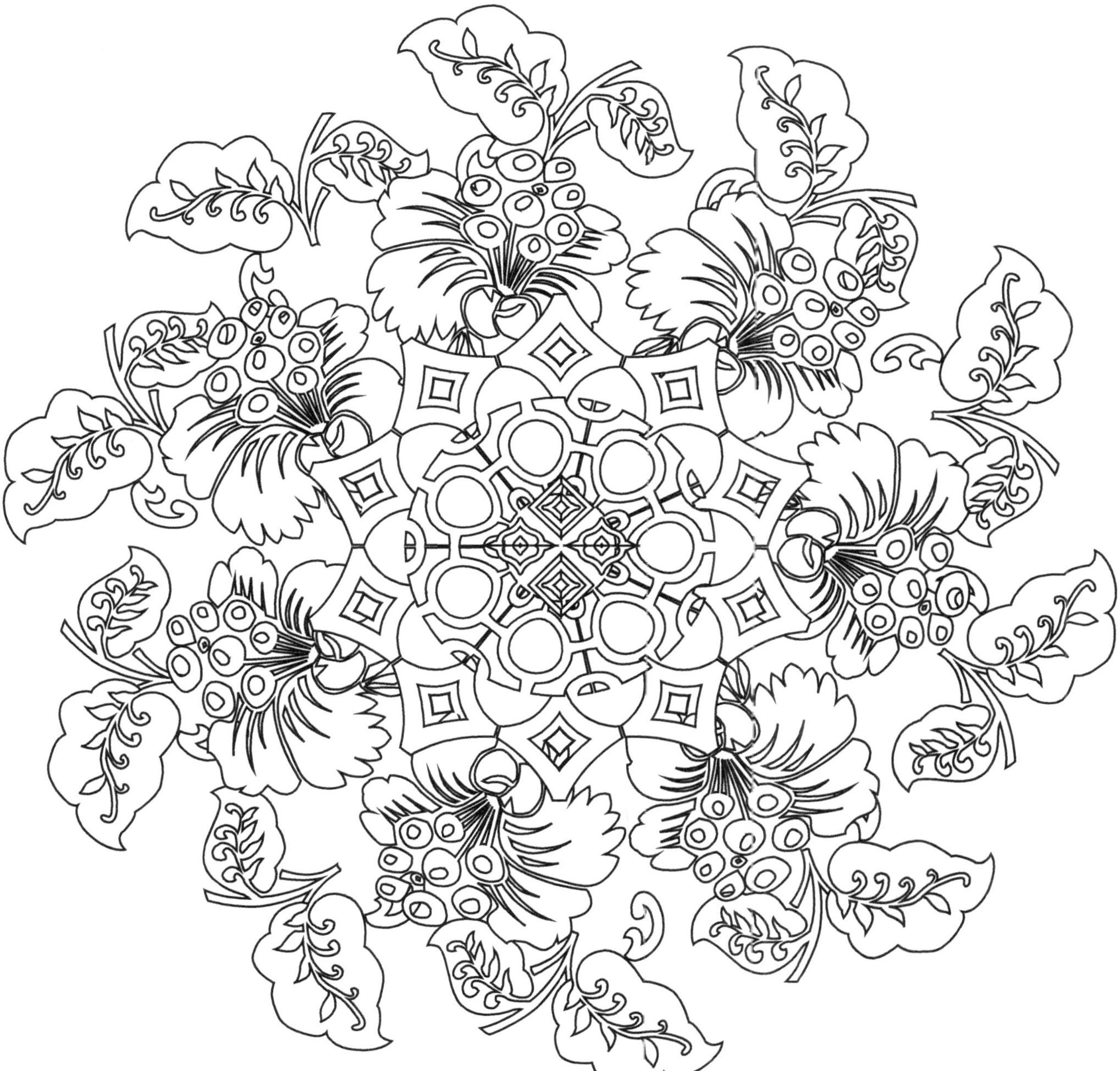

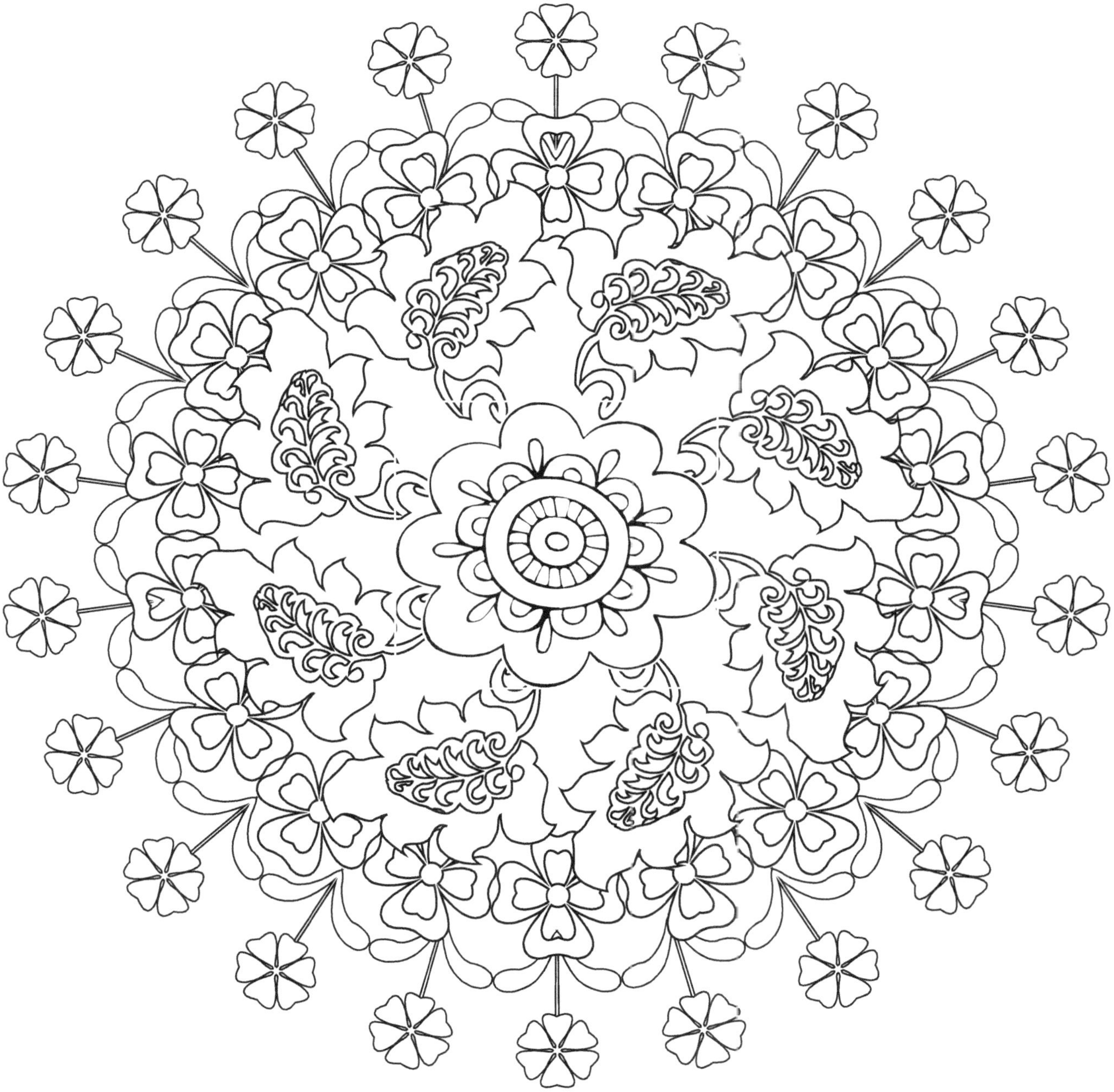

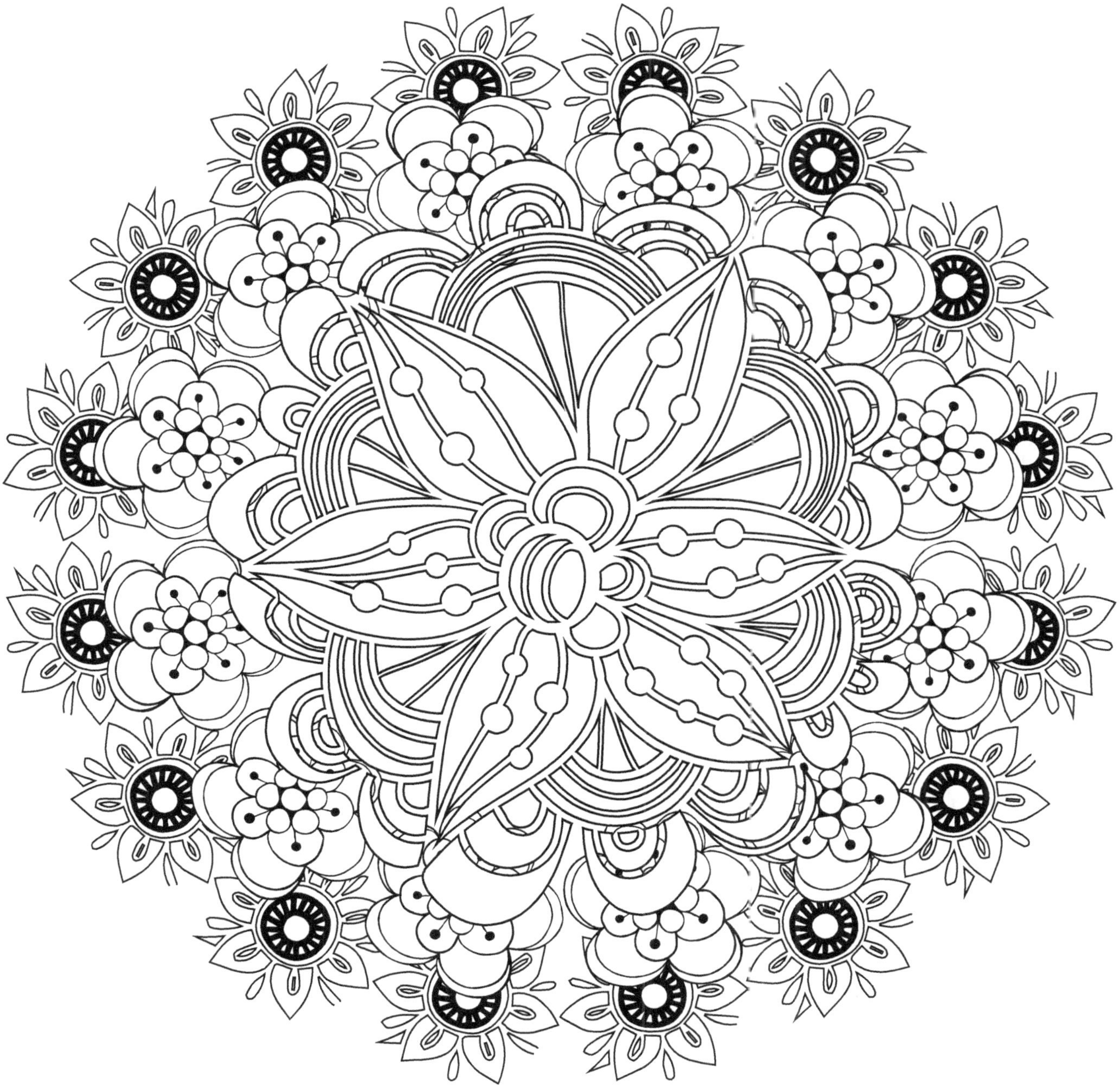

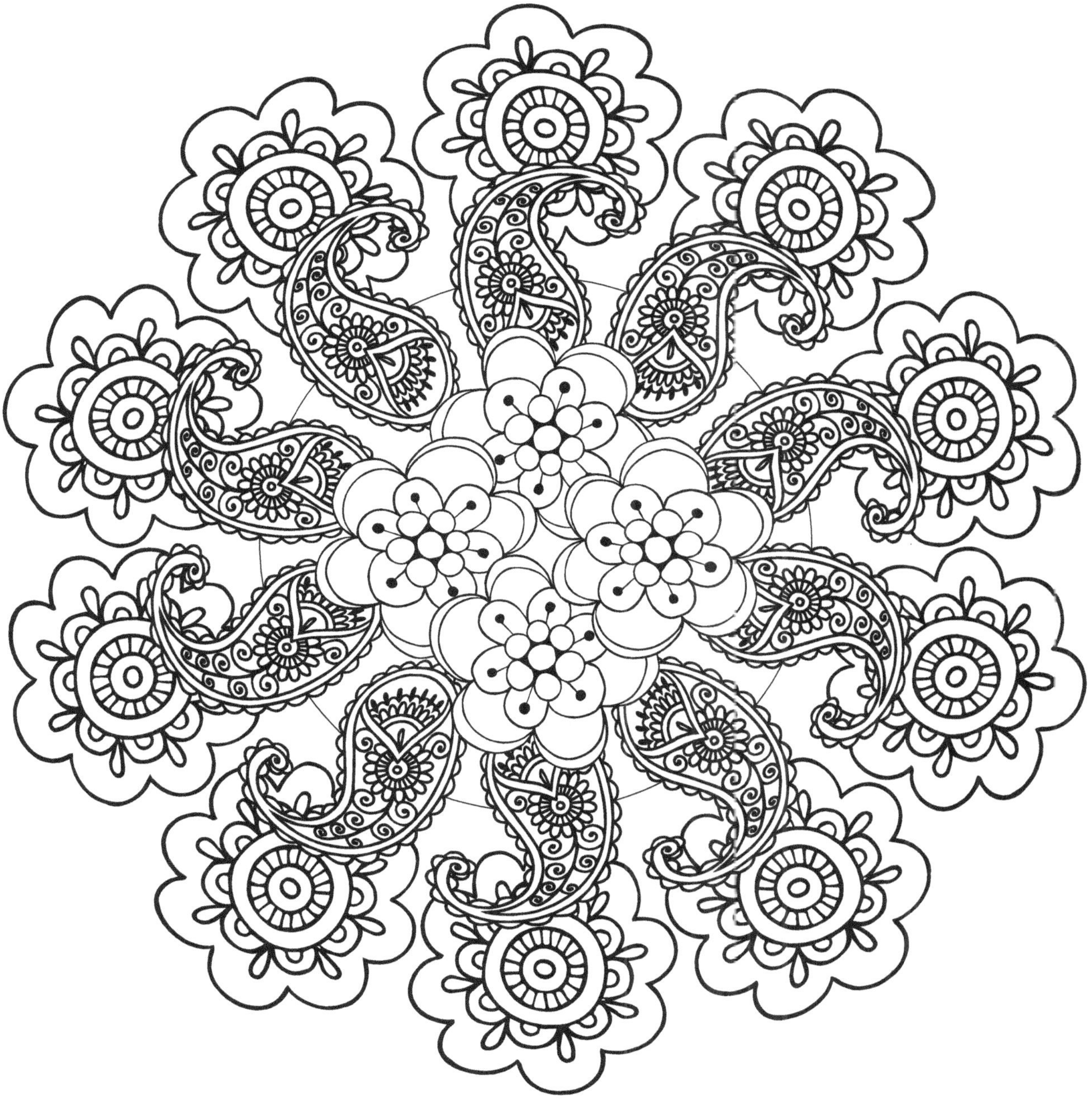

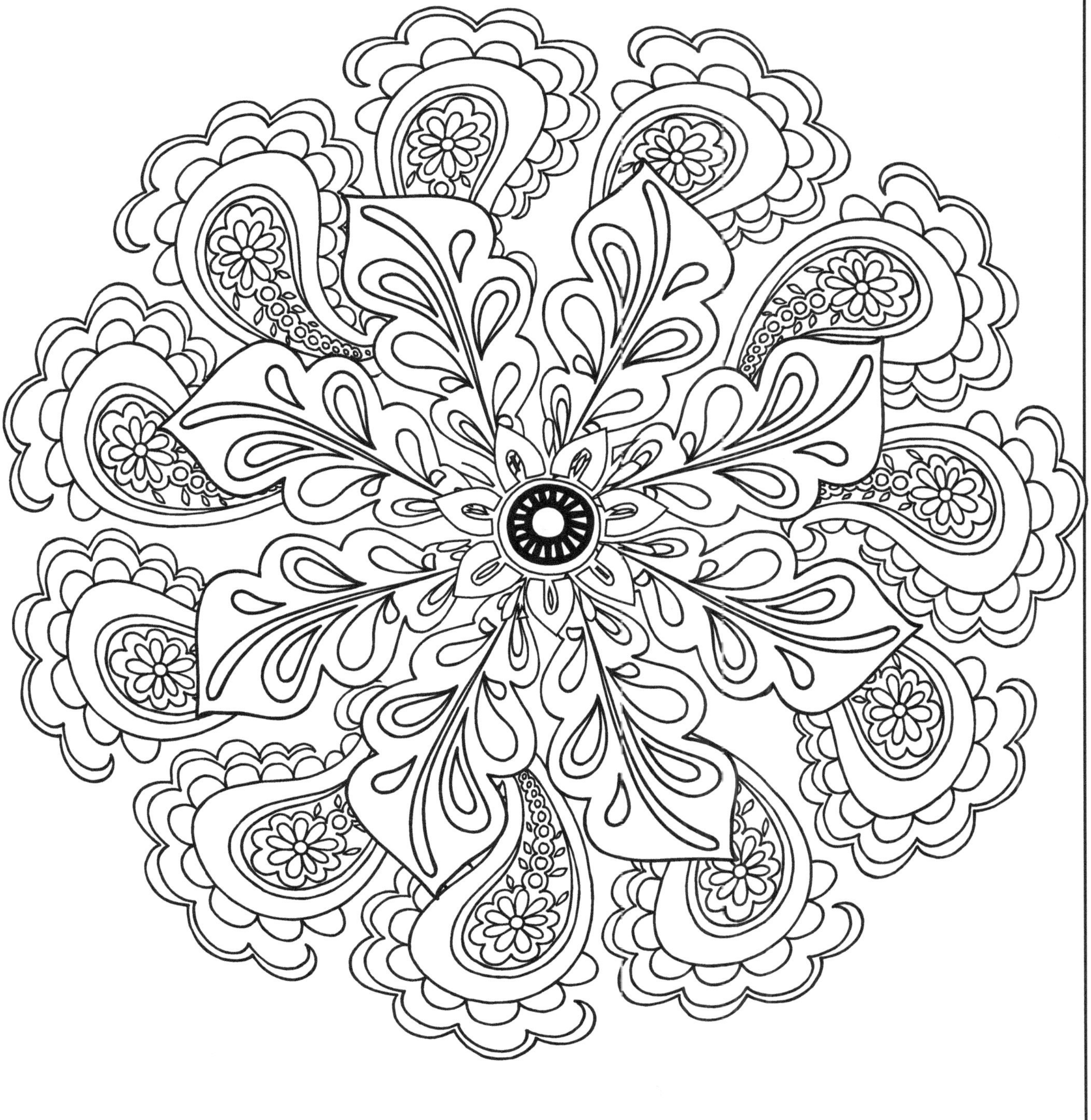

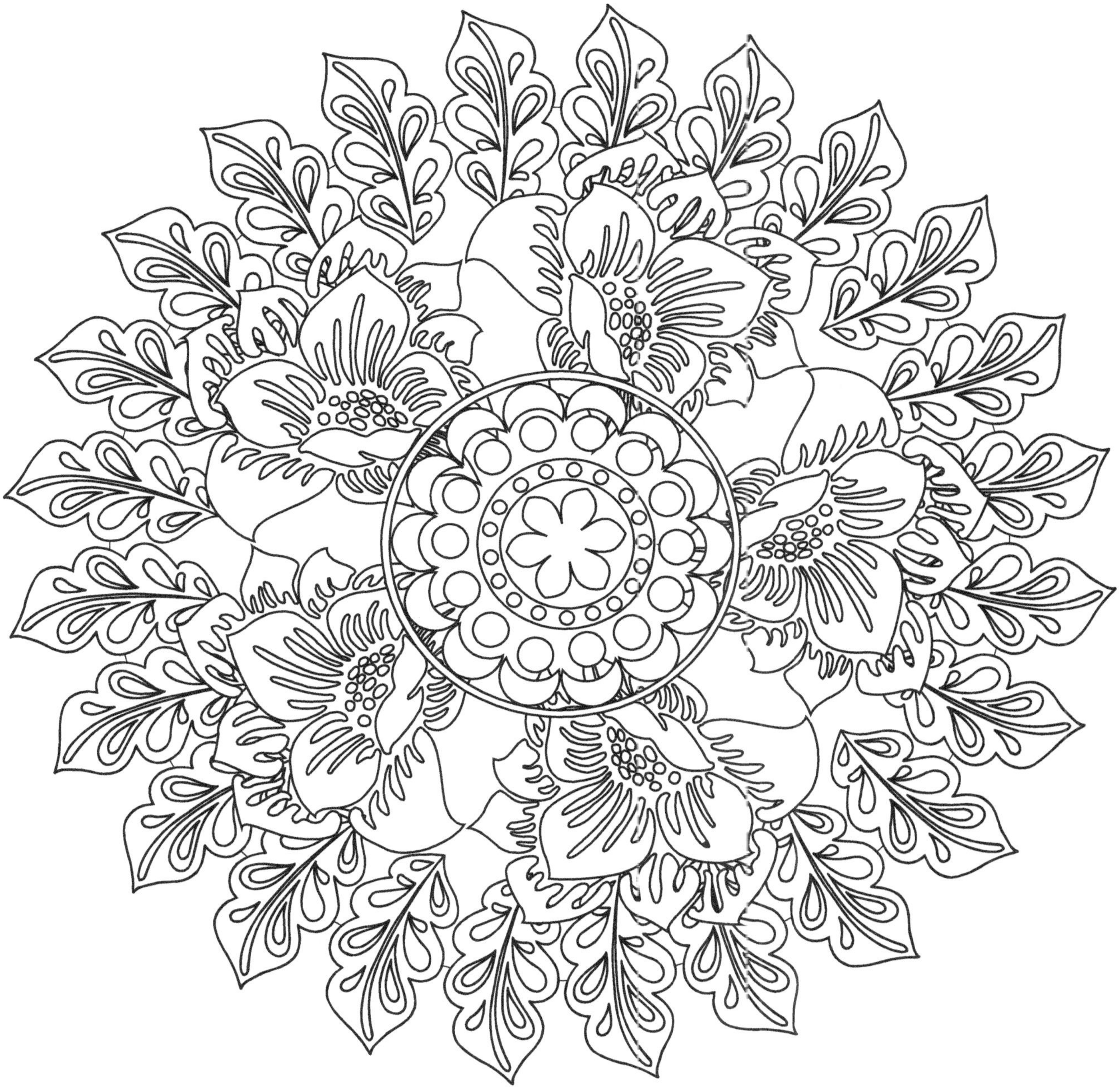

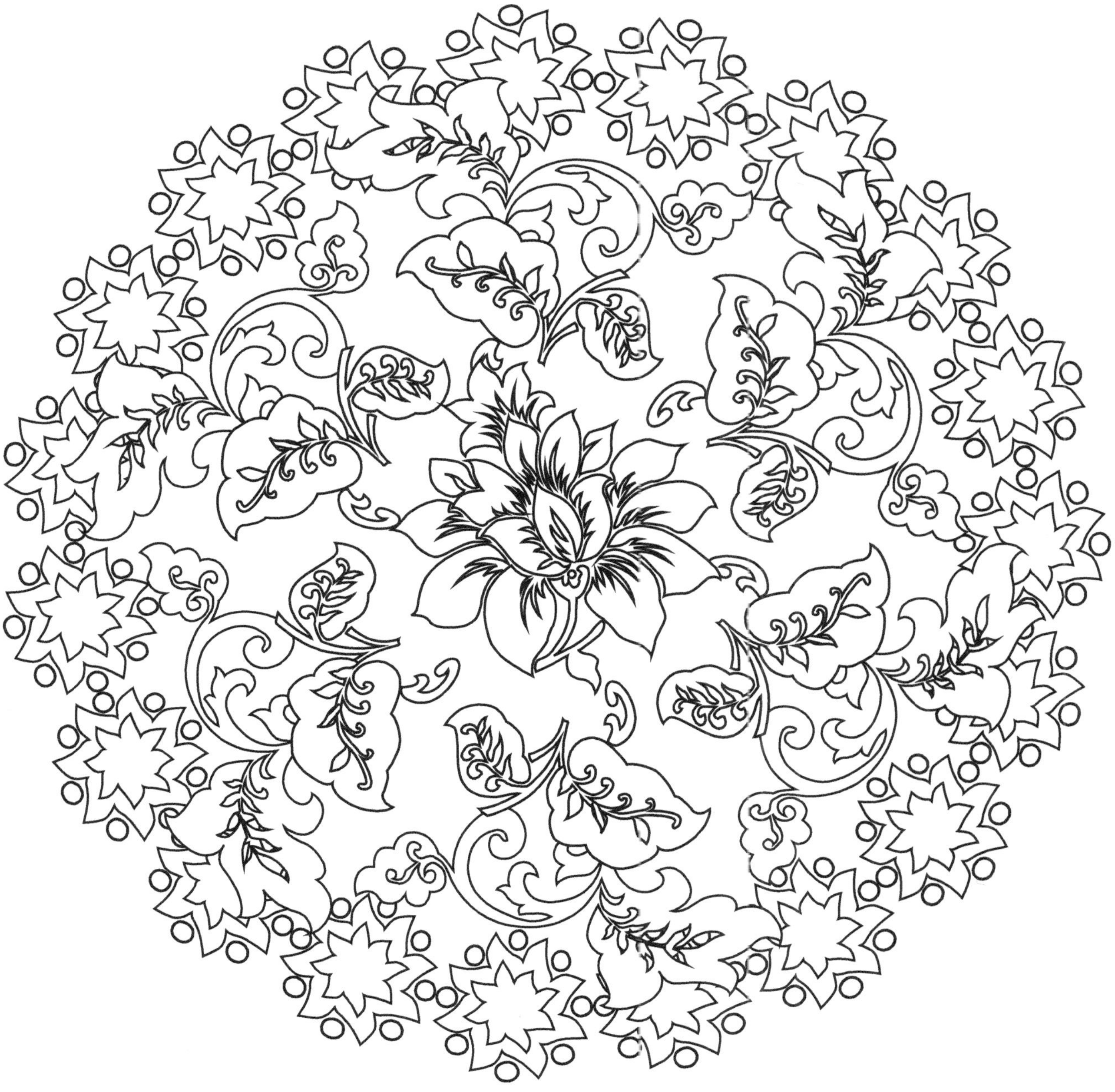

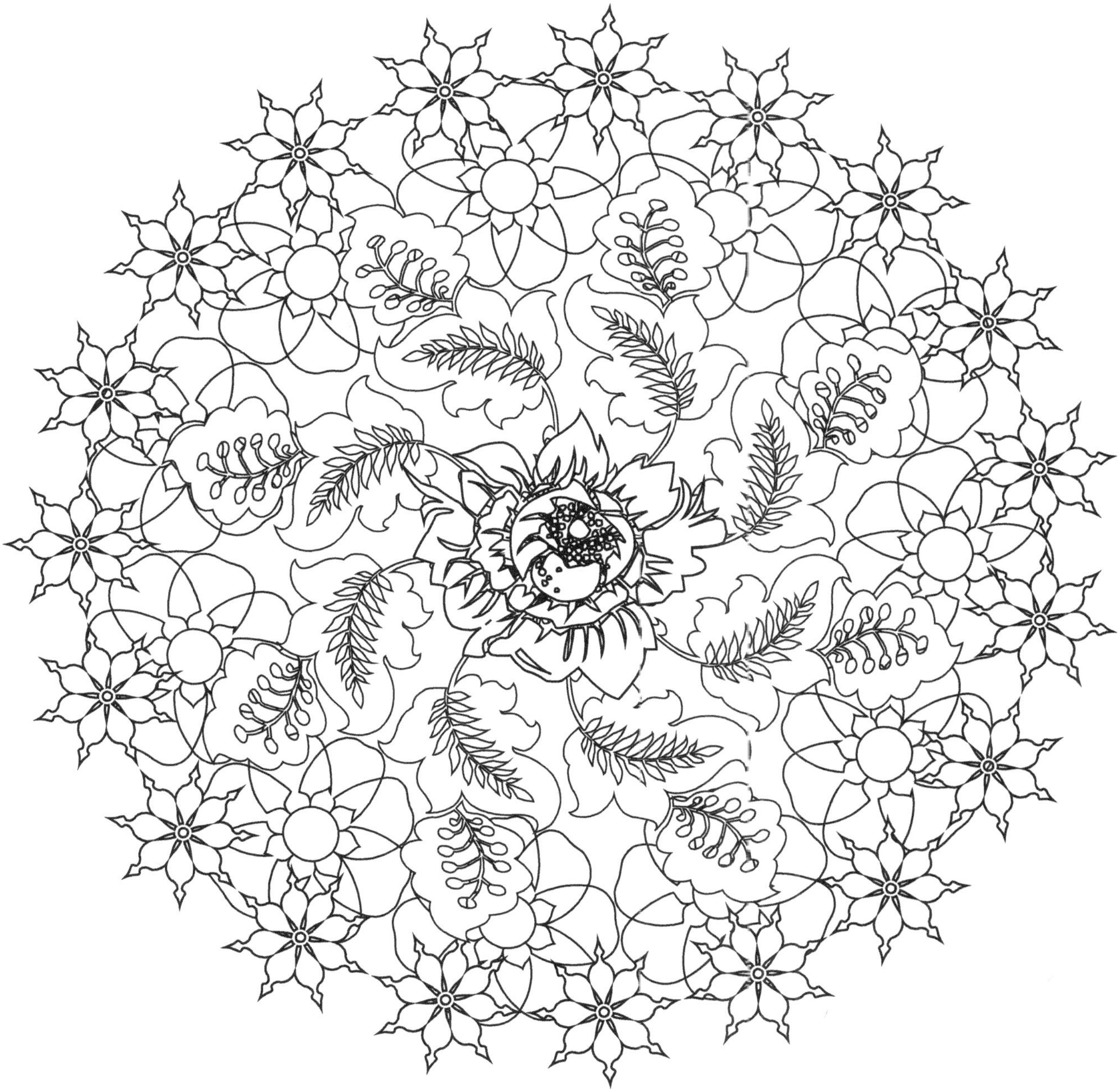

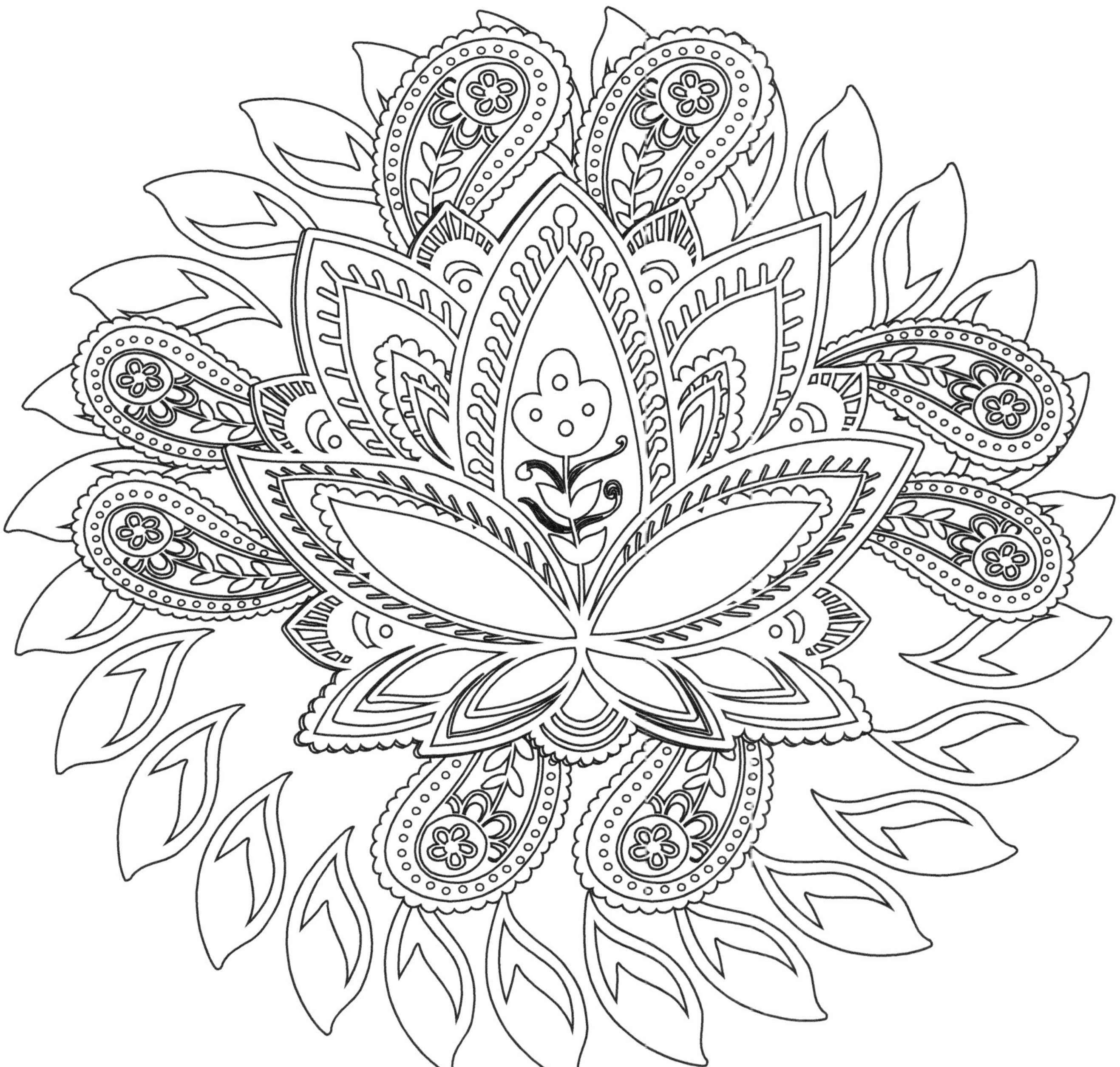

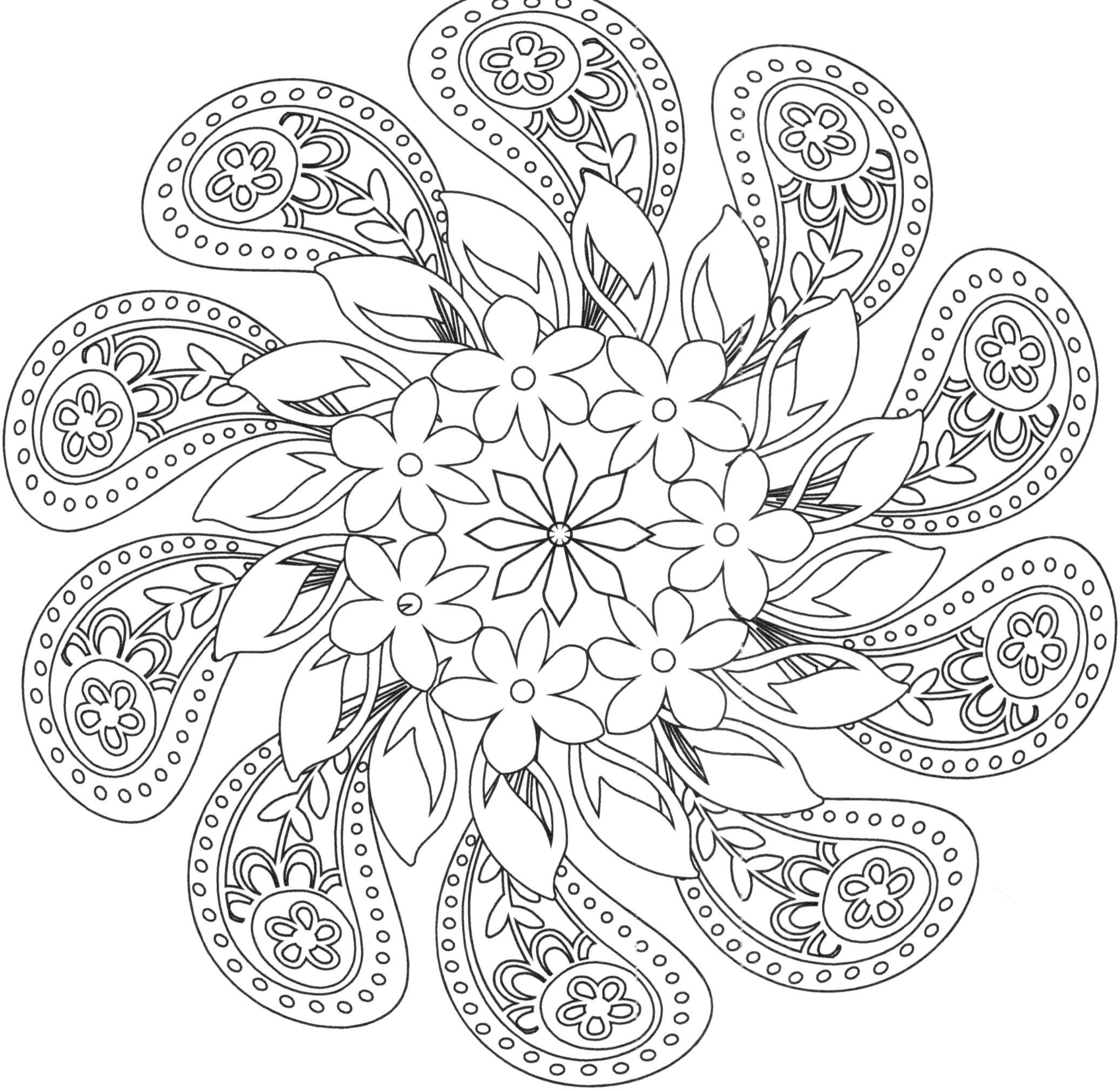

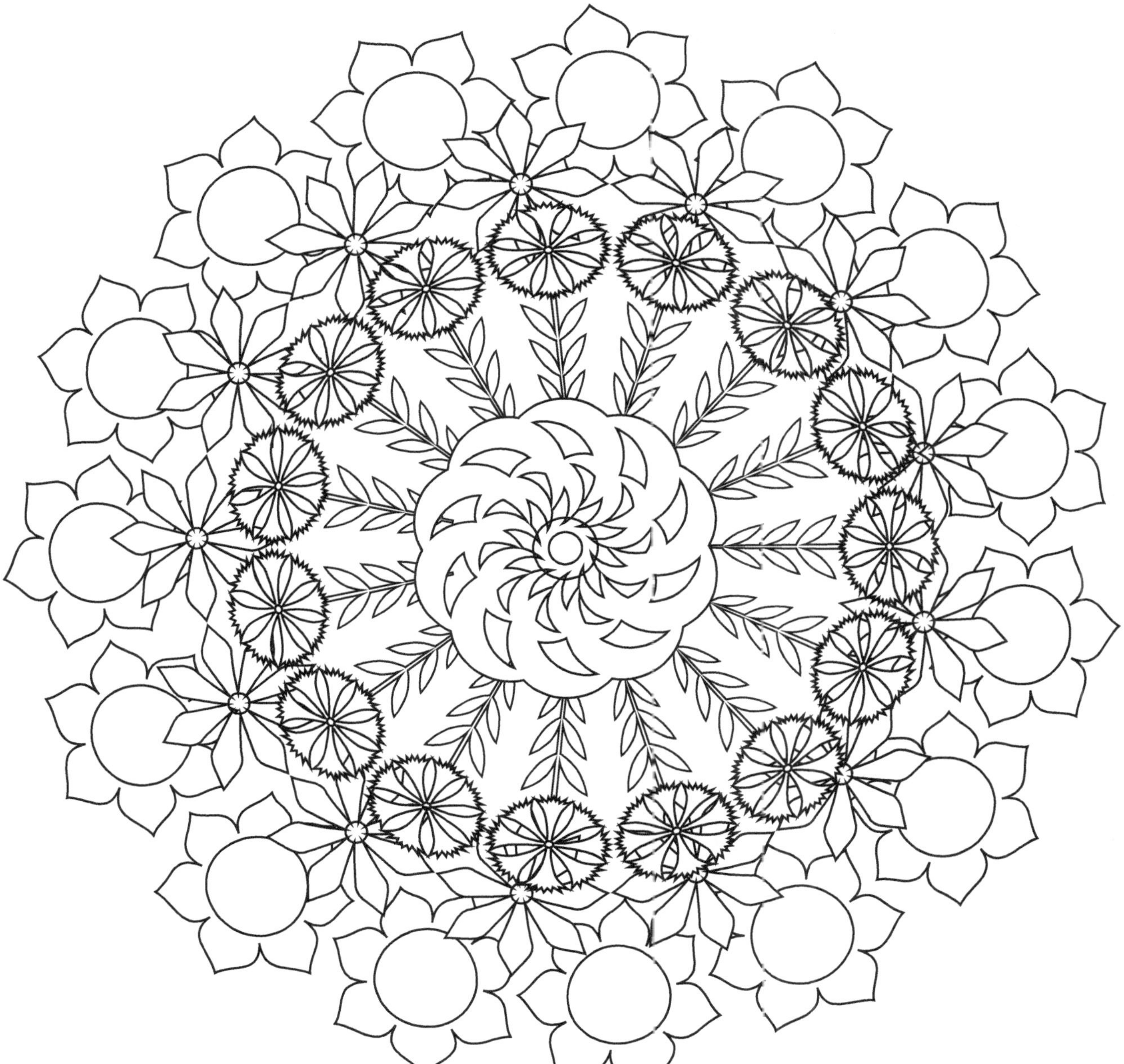

www.ingramcontent.com/pod-product-compliance
Lightning Source LLC
Chambersburg PA
CBHW081151280526
45787CB00008B/3282
* 9 7 8 1 5 1 9 6 0 5 6 7 2 *